GU KOMPASS

Telse Wokersien

Busi
Engl

- Soforthilfe für Mail und Phone
- Das Wichtigste auf einen Blick

Die Autorin

Telse Wokersien hat Sprachwissenschaft studiert und ist international als Autorin, Übersetzerin und Dozentin für Business Englisch, Englisches Kommunikationstraining und Deutsch als Fremdsprache tätig. Sie hat in England, Schottland und den USA gelebt und wohnt zurzeit in Kanada. Besuchen Sie die Autorin auf ihrer Website: www.litteratus.ca

→ Check-in

Sie möchten auf Ihre Fragen kurze, prägnante und vor allem verlässliche Antworten erhalten. Dieser GU Kompass bietet Ihnen schnelle Hilfe in allen Situationen, die kein langes Zaudern und Zögern gestatten. Ob unterwegs in der Jackentasche oder immer griffbereit am Arbeitsplatz: Jeder Titel dieser Reihe informiert Sie übersichtlich, aktuell, kompetent und lösungsorientiert.

- Jeder Sachverhalt wird auf einer Doppelseite erklärt. Suchen Sie Ihre Fragestellung, Ihr Stichwort, Ihr Problem im Inhaltsverzeichnis und steigen Sie einfach ein.
- Falls Sie unter großem Zeitdruck stehen und nur das Allernotwendigste nachschlagen möchten, halten Sie sich an das im Inhaltsverzeichnis optisch hervorgehobene „Last-Minute-Programm". Es zeigt Ihnen, worauf Sie keinesfalls verzichten sollten.
- Nutzen Sie den Service-Teil mit seinen ergänzenden Dokumenten sowie weiterführenden Hinweisen zu Büchern und Adressen, um bestimmte Aspekte zu vertiefen.

Sie finden alle gängigen Korrespondenz- und Gesprächssituationen übersichtlich gegliedert. Zahlreiche, sofort anwendbare Formulierungsvorschläge ermöglichen die einfache Umsetzung in die Praxis. Zudem gibt es interessante und hilfreiche Tipps, zum Beispiel die Schreibweisen im amerikanischen Englisch (AE) und im britischen Englisch (BE). Ob E-Mail, Fax oder Telefon – Sie werden optimal vorbereitet sein.

Inhalt

→

Last-Minute-Programm

Die wichtigsten Punkte im Überblick!

Die farblich und durch Pfeile → gekennzeichneten Abschnitte bilden das Last-Minute-Programm. Halten Sie sich daran, wenn Sie sich auf das Notwendigste beschränken müssen.

E-Mail

1. Grußformeln

Im Englischen gibt es mehr Varianten für die Grußformeln als im Deutschen. Die Auswahl ist abhängig von dem Verhältnis zwischen Sender und Empfänger.

Anrede – Salutation

Dear Sir / Dear Madam / Dear Sir or Madam / Ladies and Gentlemen:
Formelle Anrede, wobei der Empfänger namentlich nicht bekannt ist.

Dear Mr. / Mrs. / Ms. / Miss Brown:
Formelle Anrede, wenn der Name bekannt ist. Sie entspricht etwa „Sehr geehrte / r Frau / Herr Brown". Statt „Mrs. / Miss" wird für die Geschäftskorrespondenz das familienstandneutrale „Ms. Brown" verwendet, es sei denn, jemand unterschreibt explizit mit „T. Pole (Mrs.)".

Dear Victoria / Dear Cliff,
Weniger formelle Anrede unter Geschäftspartnern, der im Deutschen „Liebe Victoria / Lieber Cliff" entspricht – man nennt sich beim Vornamen und bleibt aber beim respektvollen „Sie". Diese Anredeform wird im englischen Sprachraum relativ früh verwendet.

Dear Accounting Manager / Dear Sales Department:
Formeller Notbehelf, falls man weder Namen noch Geschlecht des Empfängers kennt.

Dear Terry Wood / Dear J. W. Stockwell,
Vor- und Nachname können kombiniert werden, falls der Name beziehungsweise die Initialen das Geschlecht nicht verraten und man Mr. / Ms. vermeiden möchte.

Dear Shipping Agents:
Formelle und höfliche Anrede für eine ganze Gruppe.

Schlussformeln – Closings

Yours faithfully, ...
Sehr formelle Standardgrußformel, wenn der Empfänger nicht mit Namen bekannt oder angeredet worden ist; entspricht dem deutschen „Hochachtungsvoll / Mit freundlichen Empfehlungen".

Respectfully yours, ...
Formell, wird verwendet, wenn der Adressat mit Namen bekannt ist, entspricht etwa dem deutschen „Hochachtungsvoll".

Yours truly / Sincerely yours /
Yours sincerely / Sincerely,
Standardgrußformel in Geschäftsbriefen, wird verwendet wie das deutsche „Mit freundlichen Grüßen".

Cordially / Kind regards,
Informell, unter Geschäftspartnern, die sich mit dem Vornamen anreden, entspricht „Mit herzlichen Grüßen".

Tipps

- Nach der Anrede steht in englischer Geschäftskorrespondenz ein Doppelpunkt oder ein Komma, möglich (aber selten) ist auch gar kein Satzzeichen.
- Der eigentliche Brief beginnt danach immer mit einem Großbuchstaben.
- Nach der Schlussformel steht ein Komma.
- Im BE stehen Abkürzungen ohne Punkt (also Mr / Mrs).

2. Anfrage

Das Ziel von Anfragen ist Information. Durch präzise Formulierungen sorgen Sie dafür, dass Sie auch genau die gewünschten Informationen erhalten.

Beispiel

Dear Sir or Madam:

Could you please send me information about your secretarial training courses as advertised in the November issue of "The Happy Boss"?
Thank you very much!

Yours faithfully, ...

Formulierungshilfen

Bitte senden Sie uns Ihren aktuellen Katalog, Ihre Zahlungsbedingungen und detaillierte Information zu Ihren Rabatten zu.
Would you please send us your latest catalog, full details of your discounts and terms of payment.

Ihre Firma wurde uns von Herrn Martin Bolen in Winnipeg sehr empfohlen.
Your company was highly recommended by Mr. Martin Bolen in Winnipeg.

Bitte schicken Sie uns Informationen über Ihre wasserdichten Behälter, die auf Ihrer Website zu sehen sind. Könnten Sie uns bitte ein Muster zusenden?
Please send us details about your waterproof containers as shown on your website. Please send us a sample of the container.

Wir haben Interesse am Import von kanadischem Ahornsirup (100 % rein biologisch) und bitten Sie, uns Ihre Exportpreisliste und Exportbedingungen zuzusenden.
We are interested in importing Canadian maple syrup (100% pure organic) and would like to receive a copy of your export price list and export terms.

Da wir beabsichtigen, eine größere Anzahl Ihrer Digitalkameras der neuen Generation zu bestellen, wüßten wir gerne, ob Sie Mengenrabatte bei einer Bestellung über USD 6 000 gewähren.
Since we intend to place a substantial order for your new generation of digital cameras we would like to know whether you grant special quantity discounts for orders exceeding USD 6,000.

Bitte antworten Sie uns umgehend, da wir die Information benötigen, bevor das Weihnachtsgeschäft beginnt.
Please reply asap because we need the information before the Christmas season starts.

Tipps

- Die Tausender- und Millionenstellen werden im Englischen durch Komma getrennt: 6,000/12,000/2,678,900.
- catalog (AE), catalogue (BE)
- asap = as soon as possible
- Vorsicht bei manchen Adjektiven und Bezeichnungen von Einwohnern, die von Länden abgeleitet sind. Häufig sind sie identisch (French, Norwegian), manchmal aber auch nicht: Spanish (spanisch), aber Spaniard (Spanier).
- inquiry (AE), enquiry (BE)

3. Anfragen beantworten

Die Beantwortung von Anfragen besteht aus drei Teilen: einem einleitenden Dank, der gewünschten Information und dem Angebot weiterer Auskünfte.

Beispiel

Dear Ms. Kellow:

Thank you for inquiring about our secretarial training courses. I hope the attached information will be of use to you. If you need additional material or would like to sign up for one of the courses, please send me an e-mail or call me at the number mentioned below.
Sincerely, ...

Formulierungshilfen

Wir wissen Ihr Interesse zu schätzen und danken für Ihr Schreiben.
We appreciate your interest and thank you for writing to us.

Die in Ihrer E-Mail vom 12. März angeforderten Muster werden morgen per ABC Express an Sie abgeschickt.
The samples you requested in your e-mail of March 12 will be sent to you tomorrow by ABC Express.

Unser Sales Manager, Herr Karl Pringle, hält sich nächste Woche in Monaco auf und ist gerne bereit, in Ihrem Büro vorbeizukommen und die weiteren Details zu besprechen.
Our sales manager, Mr. Karl Pringle, will be in Monaco next week and will be pleased to visit your office and discuss further details.

Ich freue mich darauf, diesen Sachverhalt entweder in London oder München mit Ihnen zu besprechen.
I look forward to discussing this with you either in London or Munich.

Unsere üblichen Zahlungsbedingungen sind –
Our usual terms of payment are –
- per Nachnahme.
- cash/collect on delivery (C.O.D.)(BE/AE).
- zahlbar innerhalb 30 Tagen netto.
- 30 days net.
- 50 Tage ab Lieferungsdatum.
- 50 days from the date of delivery.

Vielen Dank für Ihre E-Mail vom 16.01., in der Sie Informationen zu unseren Produkten erbitten. Als Attachment finden Sie unsere Preisliste.
Thank you for your e-mail of January 16 requesting information about our products. Please find attached our price list.

Tipps

- Die englische Schreibweise von Städten und Ländern beachten (Prag – Prague, Lissabon – Lisbon).
- Telefonnummern werden im Englischen von hinten in Vierergruppen zusammengefasst und durch Bindestriche getrennt; die Vorwahl steht meist in Klammern; Beispiel: (250) 376-1234.
- „Please find attached" ist die E-Mail-Version von „Beiliegend erhalten Sie…" (Please find enclosed…)
- Die Telefonnummer im E-Mail-Trailer sollte international angegeben werden, zum Beispiel: +44(20)7594-4900, das heißt mit + und ohne Null der Ortsvorwahl.

4. Angebot ablehnen

Von mehreren (unverbindlich) eingeholten Angeboten kann nur eines wahrgenommen, die übrigen müssen abgelehnt werden.

Beispiel

Dear Mr. Kendrick:

Thank you for submitting your estimate for hosting our annual shareholders' meeting.

Regretfully, we have decided to hold our meeting elsewhere. We have always been pleased with your hospitality and service. Please be assured that the reason for this decision is not based on the quality of your service.

We will continue to invite your quotations.

Sincerely, ...

Formulierungshilfen

Vielen Dank für Ihr Angebot über USD 12 000 für eine Übersetzung unseres Benutzerhandbuches.
Thank you for your estimate of USD 12,000 for translating our user manual.

Wir haben Ihr Angebot und die Angebote zweier anderer Firmen sorgfältig geprüft.
We carefully considered your proposal and those of two other companies.

Ich habe mich entschlossen, das Angebot einer anderen Firma anzunehmen.
I have decided to accept another company's offer.

Wir werden Ihre Daten für zukünftige Aufträge speichern.
We will keep your information on file for future use.

Wir haben uns entschieden, den Vertrag mit Holden Company abzuschließen.
We have decided to give the contract to Holden Company.

Leider müssen wir Ihnen mitteilen, dass wir ...
We are sorry to inform you that we have ...
... uns gezwungen sehen, den Auftrag anderweitig zu vergeben.
... to place the order elsewhere.
... den Auftrag bereits anderweitig vergeben haben.
... already placed the order elsewhere.

Vielen Dank für Ihre schnelle Antwort auf unsere Angebotsanfrage. Da Sie uns keinen besonderen Einführungspreis gewähren, können wir Ihnen leider keinen Auftrag erteilen.
Thank you for your prompt reply to our inquiry requesting a quotation. Since it is not possible for you to offer a special introductory price, we are unable to place an order with you.

Tipps

- Leicht zu verwechseln: „terms of payment" sind die Zahlungsbedingungen, „term of payment" ist die Zahlungsfrist.
- Kurze klare Sätze sind nicht nur typisch für die englische Sprache, sondern vermindern auch das Fehlerrisiko.

5. Auftragserteilung

Ein Auftrag sollte genaue Spezifikationen enthalten: Stückzahl, Artikelbezeichnung und -nummer, Stück-/Gesamtpreis, Zahlungsbedingungen, Liefertermin und -adresse.

Beispiel

Dear Mr. Innes:

We thank you for your e-mail of January 9 and your attached quotation and terms of payment for the supply of long-sleeved cotton shirts.

We are pleased to attach our order No. AB-22/TW for 6,000 long-sleeved white cotton shirts (catalog No. 1601) at USD 12 per shirt.

We would appreciate delivery to Potsdam, Germany, within two weeks.

Sincerely, ...

Formulierungshilfen

Wir freuen uns auf Ihre Bestätigung.
We are looking forward to your acknowledgment/confirmation.

Bitte verpacken Sie jedes XYZ einzeln in weiches Material/Luftpolsterfolie/Seidenpapier.
Please, wrap every XYZ separately in soft material/bubble wrap/tissue-paper.

Wir behalten uns das Recht vor, eine Lieferung nach diesem Datum nicht mehr entgegenzunehmen.
We reserve the right to refuse delivery after that date.

Wir erteilen Ihnen diesen Probeauftrag unter der Bedingung, dass die Lieferung vor dem 25. 10. erfolgt.
We place this trial order on the condition that delivery has to be made before October 25.

Wir akzeptieren Ihre Zahlungsbedingungen und bestätigen, dass die Bezahlung per ...
We accept your terms of payment and confirm that payment will be made by ...
... unwiderruflichem Akkreditiv vorgenommen wird.
... irrevocable letter of credit.
... internationaler Postanweisung vorgenommen wird.
... international money order (IMO).
... Banküberweisung vorgenommen wird.
... bank transfer.

Tipps

- Preisangaben in ganzen Dollarbeträgen (USD 12) sind ohne Komma und Kommastellen zu schreiben.
- Die internationalen Währungsabkürzungen beugen Missverständnissen vor; zu finden auf der Umrechnungs-Website http://www.xe.net/ucc/.
- Im Allgemeinen werden die Zahlen von eins bis zehn ausgeschrieben. Eine Zahl am Satzanfang, egal wie groß, wird immer ausgeschrieben (evtl. den Satz umformulieren, wenn die Zahl zu lang ist). Bei Bestellungen kann man zur Verdeutlichung die Ziffer zusätzlich in Klammern angeben.

6. Auftragsbestätigung

Eine Auftragsbestätigung ist die letzte Möglichkeit, die Daten der Bestellung noch einmal zu überprüfen, um Missverständnisse auszuschließen.

Beispiel

Dear Mr. Todd:

Thank you for your order No. 11/ABC-h. We would like to accept your order, but unfortunately your order uses an expired price list. Our new price list (a copy is attached) became effective on March 1.

Please, inform us whether you would like your order to be fulfilled in accordance with the current list.

Thank you for your understanding.

Sincerely, ...

Formulierungshilfen

Ihr Auftrag wird bearbeitet, und wir erwarten, dass der Versand noch vor dem 31.01. erfolgen kann.
Your order is being processed and we expect to have the order ready for shipment before January 31.

Hiermit bestätigen wir Ihren telefonischen Auftrag vom 02.03.
We hereby confirm your order placed by telephone on March 2.

Wir heißen Sie als neuen Kunden willkommen.
We welcome you as a new customer.

Wir fügen unsere Rechnung über EUR 1060,52 als Attachment bei. Sollten Sie Fragen hierzu haben, wenden Sie sich bitte an Herrn Schmidt unter 123/12 31 23 oder senden Sie eine E-Mail an account@money.dm.
We attach our invoice for EUR 1,060.52. If you have any queries contact Mr. Schmidt at (123) 123-123 or send an e-mail to account@money.dm.

Die Waren werden sofort nach Erhalt Ihrer Anzahlung versandt.
The goods will be sent (out) immediately upon receipt of your deposit.

Vielen Dank für Ihr Vertrauen. Wir hoffen, dieser Probeauftrag überzeugt Sie.
Thank you for the confidence you have shown to us. We hope this trial order will convince you.

Tipps

- Bei Dezimalzahlen wird im Englischen ein Punkt verwendet, um die Nachkommastellen abzutrennen: 0.5/21.42/1,060.52 (gesprochen: o point five, twenty-one point four two, one thousand and sixty point five two).
- Das Verwenden einfacher Wörter („also“ statt „furthermore“, „e-mail“ statt „correspondence“) macht den Ton der E-Mail persönlicher.

7. Auftrags-stornierung

Wenn die Bestellung nicht zum vereinbarten Zeitpunkt geliefert wird, ist dies ein berechtigter Grund, sie zu stornieren. Jeder andere Grund birgt das Risiko zusätzlicher Zahlungen.

Beispiel

Dear Mr. Rooney:

Unfortunately we have to inform you that for complex reasons we must cancel our order for 1,400 Hydrophones of March 16, 2011.

Please contact Ms. Monika Kleinschmidt at +49 (40) 123-456 to discuss any details concerning the penalty clause.

Thank you for your understanding.

Sincerely, ...

Formulierungshilfen

Die Verzögerung der Lieferung von 150 Skibrillen veranlasst uns, unsere Bestellung (Auftragsnr. 44/1 vom 23. 5. 2001) zu stornieren.
The delay in shipment of your 150 ski goggles leads us to cancel our order (order No. 44/1 of May 23, 2011).

Wir sehen uns gezwungen, unseren Auftrag für sechs (6) Schlafsäcke zu stornieren.
We are forced to cancel our order for six (6) sleeping bags.

Hiermit informieren wir Sie über die Kündigung des Vertrages zwischen Mallard Inc. und Loon Co.
This is to notify you of the cancellation of the agreement between Mallard Inc. and Loon Co.

Wir sehen keine andere Möglichkeit, als unseren Auftrag Nr. A/7722c vom 19.11. zu stornieren.
We see no other alternative but to cancel our order No. A/7722c of November 19.

Wir machen Ihr Unternehmen für den durch die Verzögerung entstandenen Schaden/Verlust haftbar.
We will hold your company liable for the damage/loss caused by the delay.

Wir müssen Ihnen leider mitteilen, dass wir unsere Bestellung wegen der verspäteten Auslieferung stornieren müssen.
We are sorry to inform you that we must cancel our order due to the delay in delivery.

Wir müssen leider unsere Bestellung von 1 200 Bleistiftanspitzern stornieren, die noch immer nicht eingetroffen sind.
We must cancel our order for 1,200 pencil sharpeners, which we have not yet received.

Für eventuell entstandene Schäden machen wir Sie haftbar.
You will be liable for any damage caused.

Tipps

- canceling (AE), cancelling (BE)
- Durch die Verwendung von „the company" statt „we/I" wird das Geschriebene formeller und bekommt einen offizielleren Charakter.

8. Reklamationen

Einige gelieferte Gegenstände erfüllen nicht die Hoffnungen und Erwartungen des Kunden, oder die Lieferung erfolgt verspätet oder gar nicht. Gute Gründe für eine Reklamtion.

Beispiel

Dear Sir:

We are sorry to inform you that your delivery of 200 nylon pants (Model XYZ123-green) is not up to the samples which we received on October 25.

On comparing the nylon pants received with the samples, we were surprised to find that the models are not the same high quality.

We are seriously disappointed and expect your company to rectify this situation.

Yours faithfully, ...

Formulierungshilfen

Beim Öffnen des Pakets musste ich feststellen, dass es nicht die angeforderten Dinge enthielt.
On opening the parcel, I found that it did not contain the ordered items.

Vor zwei Wochen habe ich ein XYZ bestellt, das heute früh geliefert worden ist. Beim Öffnen des Kartons stellte sich heraus, dass das XYZ beschädigt war.
Two weeks ago I ordered an XYZ, which was delivered this morning. When I opened the box, I discovered that the XYZ was damaged.

Wir sind nicht bereit, nie gelieferte Ware zu bezahlen.
We refuse to pay for merchandise that was never delivered.

Wir senden ...
We are returning the ...

... die beschädigten Gegenstände bei voller Erstattung der geleisteten Zahlung zurück.
... damaged articles for a full refund.

... die mangelhafte Ware auf Ihre Kosten zurück.
... defective items at your expense.

Wir gehen davon aus, dass der Schaden durch nachlässiges Verpacken entstanden ist.
We assume that the damage must be due to careless packaging.

Das XYZ wird meinen hohen Erwartungen nicht gerecht. Entgegen der Beschreibung in Ihrer Anzeige und auf Ihrer Homepage ist das XYZ nicht wasserdicht.
The XYZ has not met my expectations. Contrary to the description in your advertisement and on your homepage, the XYZ is not waterproof.

Tipps

- Da eine Beschwerde durchaus vor Gericht enden kann, empfiehlt es sich, zusätzlich zur schnellen Benachrichtigung per E-Mail auch ein offizielles Schreiben auf Firmenbriefpapier zu senden (Aufbau wie das Musterfax, siehe 25).

9. Schadensregulierung

Die Antwort auf eine Reklamation muss freundlich sein; sie braucht den Grund für den Schaden nicht unbedingt zu erklären, sollte aber zumindest eine Entschuldigung enthalten.

Beispiel

Dear Ms. Laliberté:

We are very sorry your digital coffee maker arrived in a damaged condition. As described in your e-mail, the damage obviously happened during shipment.

A replacement will be delivered to your home by one of our drivers, who is authorized to pick up the damaged digital coffee maker.

We very much regret this inconvenience.

Sincerely, ...

Formulierungshilfen

Wir bedanken uns dafür, dass Sie uns auf diesen Umstand hingewiesen haben.
Thank you for bringing this matter to our attention.

Bitte schicken Sie uns die beschädigte Ware ...
Please return the damaged items ...

... an unser Lager in X zurück.
... to our warehouse in X.

... an unseren Händler vor Ort zurück.
... to our local dealer.

... zu uns zurück, und wir erstatten Ihnen die geleisteten Zahlungen.
... to us for a refund.

Wir entschuldigen uns für den Fehler, der uns bei Ihrer Rechnung vom 12.03. unterlaufen ist.
We must apologize for the error in your bill of March 12.

Wir bedauern sehr, dass wir Ihnen 14 XYZ berechnet haben, obwohl Sie nur 12 bestellt haben.
We deeply regret that our invoice bills you for 14 XYZ, while you ordered only 12.

Wir entschuldigen uns für die Unannehmlichkeiten, die Ihnen durch die Verzögerung entstanden sind. Vielen Dank für Ihre Geduld.
Please accept our apologies for any inconvenience caused by the delay. Thank you very much for your patience.

Tipps

- Falls Sie einer Schadensersatzforderung nicht nachkommen können, weil die Schuld beim Vertragspartner liegt, lassen Passivkonstruktionen das Gesagte höflicher erscheinen:
- Don't: "You voided the warranty when you used other batteries than stated."
  Do: "The warranty was voided when batteries other than those specified in the instructions were used."

10. Gratulation

Gratulationen haben einen festen Platz in der Geschäftskorrespondenz, denn sie bieten einen günstigen Anlass, sich in Erinnerung zu bringen – sei es zum Jubiläum, zur Beförderung oder zum Gewinn eines Preises.

Beispiel 1

Dear Mr. Tomlinson:

My congratulations to you on your recent promotion to logistics manager. You have excellent business skills and extensive experience.

I am pleased the management at XY recognizes your abilities.

Once again, congratulations and many future successes!

Sincerely, ...

Beispiel 2

Dear Mrs. Warren:

Congratulations on your election to the presidency of the International Association of Accountants. You can be proud of your new position. It is a well-deserved recognition of your commitment to the activities of the Association.

Again, congratulations and best wishes.

Sincerely, ...

Formulierungshilfen

Herzlichen Glückwunsch zum Gewinn des XYZ-Preises für Ihren aktuellen Werbespot für unsere Produkte.
Congratulations on winning the XYZ Award for your current advertisement for our products.

Wir gratulieren Ihnen im Namen der Fairworld Enterprise herzlich zu Ihrem zehnjährigen Jubiläum!
We at Fairworld Enterprise congratulate you on your tenth anniversary!

Alles Gute wünscht Ihnen die Marketingabteilung!
Best wishes from the marketing department.

Ich gratuliere Ihnen zu Ihrer herausragenden Leistung.
My congratulations to you on your outstanding achievement.

Ich gratuliere Ihnen zu Ihrem überdurchschnittlichen Jahresumsatzvolumen. Bitte übermitteln Sie auch Ihrem gesamten Team die besten Wünsche zu dieser außerordentlichen Leistung.
Congratulations on surpassing your annual sales volume. Please convey my best wishes to your sales team for an outstanding performance.

Tipps

- Glückwünsche und jede andere E-Mail erhalten eine persönliche Note, wenn Sie „contractions“ verwenden: don’t, I’m, you’re, I’ll usw.
- Zum Geburtstag gratuliert man mit: Happy Birthday! Best wishes for your birthday!

11. Wertschätzung

Mit aufrichtigen Wertschätzungen kann man eine Menge bewirken – Anlässe dazu gibt es genug. Damit das Lob richtig ankommt, sollte man seine Formulierungen sorgfältig auswählen.

Beispiel 1

Dear Penelope:

Please accept my sincere appreciation for all the assistance and help you gave me in planning the trade fair in Birmingham.

Without you and your professional team this success would not have been possible. Please pass on my appreciation to your staff, in particular to Karen and Lisa.

Best regards, ...

Beispiel 2

Dear Ms. Webb:

I have always been pleased with the exceptional service of your team, and have recommended you to many of my colleagues and friends.

But your service during our last month's sales drive surpassed even my expectations.

I am looking forward to cooperating with you again.

Sincerely, ...

Formulierungshilfen

Wir schätzen Ihre Hilfe bei der Lösung dieser schwierigen Angelegenheiten sehr.
We very much appreciate your assistance in solving these difficult matters.

Wir waren sehr erfreut, Sie vom 14.–18.01. bei uns als Gast begrüßen zu dürfen. Wir freuen uns darauf, Sie während Ihres nächsten Aufenthaltes in Vancouver wiederzusehen.
We were very pleased to have you as our guest on January 14 to 18th. We look forward to welcoming you again during your next stay in Vancouver.

Nächste Woche werde ich mit unserem internationalen Sales Manager zusammentreffen und werde ihm von Ihrer hilfreichen Mitwirkung an der Etablierung unserer Firma auf dem lateinamerikanischen Markt berichten.
When I meet with our interntional sales manager next week, I will tell him about your important contribution to establishing our company in the Latin American market.

Tipps

- Um Verbundenheit und Herzlichkeit auszudrücken und das Gesagte zu unterstreichen, eignet sich eine Schlussformel wie „Kind Regards / Cordially"
- „Kind Regards / regards": Klein- oder Großschreibung möglich, aber „Kind" muss am Satzanfang groß geschrieben werden.
- Nach beiden Varianten „I am looking / look forward to" steht das Verb in der -ing-Form.

12. Danke sagen

Freundlichkeit verbindet. Gelegenheiten, sich zu bedanken, gibt es viele: für eine mitgeteilte Adresse, gute Zusammenarbeit oder herausragende Leistungen.

Beispiel

Dear Mr. Liu:

I would like to thank you for sending me the name and address of your supplier in Qingdao.

I called him last week to arrange a meeting in one of the factories and I was able to order on favourable terms.

Thank you once again for your kindness.

Sincerely, ...

Formulierungshilfen

Im Namen unseres Kundendienstleiters, Herrn Chris Knox, möchte ich Ihnen aufrichtig für die Zusammenarbeit danken.
On behalf of our customer service manager Mr. Chris Knox I would like to express our sincere appreciation for your co-operation.

Danke für die gute Arbeit, die jetzt beendet ist. Ich bin sicher, dass ich auch in Zukunft etwas für Sie zu tun habe.
Thanks for a great job, now finished! I'm sure I will have more work for you in the future.

Vielen Dank für die Gastfreundschaft in Ihrer Firma.
I would like to thank you for your hospitality during my visit to your company.

Nochmals danke für die schnelle Übersetzungsarbeit. Ich bin sehr zufrieden mit Ihrer Arbeit und weiß Ihre Leistungen zu schätzen.
Thanks again for the speedy translation work. I'm very pleased with the work you are doing, and it's much appreciated.

Ich schreibe Ihnen im Namen von Herrn Steve Plummer, unserem Sales Manager, und möchte Ihnen und Ihrem gesamten Team für die außerordentliche Unterstützung während des Schlussverkaufs zwischen Weihnachten und Silvester danken.
I am writing to you on behalf of our sales manager Mr. Steve Plummer in order to thank you and your entire team for the exceptional assistance you provided during the Boxing Week Sale.

Vielen Dank für die ausgezeichnete Arbeit während unserer letzten Konferenz in Montpellier.
Thank you for the excellent job you did on our recent conference in Montpellier.

Tipps

- Das Weihnachtsfest im englischen Sprachraum wird am 25. Dezember gefeiert, dem Christmas Day. Boxing Day ist der erste Tag nach Weihnachten, der kein Sonntag ist. Im Gegensatz zu Großbritannien und den Commmonwealth Staaten is Boxing Day in den USA kein Feiertag.
- Auf ein Dankeschön wird im englischen Sprachraum sehr viel Wert gelegt: Sogar ein neuer Frisörkunde erhält ein schriftliches Danke.

13. Bekanntmachungen

Bekanntmachungen informieren ausgewählte Personen(kreise) über viele Dinge: Preisveränderungen, neue Produkte, eine neue Werbekampagne oder Zweigstelle.

Beispiel 1

Dear Mr. Lee:

Due to an increase in our production costs and the price of the raw materials, we are unfortunately forced to increase our prices by 5.5 percent.

Please find attached our new price list, which will go into effect on December 1. All orders received before December 1 will of course be filled at current prices.

We believe that even our new prices are still competitive.

Sincerely, ...

Beispiel 2

Dear Valued Customer:

We are happy to announce that on Friday, October 30, at 8:00 pm, we reopen our restaurant Bishop's, 1042 Church Street. We invite you to spend your evening with us and to enjoy our special dinner. All drinks will be 2 for 1 in celebration.

Reservations can be made by replying to this e-mail.

Sincerely, ...

Formulierungshilfen

Die Xtreme Ltd. freut sich, Sie mit der neuen Linie an Outdoor-Bekleidung bekannt zu machen. Wir sind seit kurzem der autorisierte Händler für Passage-Produkte in Seattle.
Xtreme Ltd. is pleased to announce our new line of Passage Outdoor Clothing. We are now the authorized Passage dealer for Seattle.

Wir möchten diese Gelegenheit nutzen, Sie darüber zu informieren, dass wir ab jetzt unter dem Namen Plumridge & Partners firmieren.
We take this opportunity to inform you that we now practice as Plumridge & Partners.

Zu unserer großen Freude dürfen wir Ihnen mitteilen, dass XYZ zum dritten Mal in den letzten vier Jahren von der Zeitschrift „Money" ein Top 100 Ranking bescheinigt wurde.
It gives us great pleasure to inform you that for the third time in the past four years, XYZ has earned a top 100 ranking from Money magazine.

Tipps

- Statt „Dear Valued Customer" wird auch „Dear Client" verwendet und als höfliche Anrede groß geschrieben.
- Die Abkürzungen „pm" (post meridiam / nachmittags) und „am" (ante meridiam / vormittags) können auch als „p.m. / a.m." oder als Kapitälchen geschrieben werden.
- Es kann „per cent" oder „percent" oder auch das Zeichen % verwendet werden.
- „Unfortunately" ist die formelle Variante von „to be afraid".

14. Einladungen

Das Geschäftsleben bietet Möglichkeiten und Anlässe für Einladungen: Konferenzen, Tagungen, Feiern, Geschäftsessen. Wie man sie ausspricht, annimmt oder ablehnt, erfahren Sie hier.

Beispiel

Dear Dr. Brailsford:

Our annual XYZ meeting will take place this June in Ireland. I would like to extend an invitation to you and your assistant. The meeting is sponsored by ABC.

In a few days you will receive further details from my secretary Ms. Francine Schultz. In the meantime, if you need any preliminary information, please have a look at our website.

Sincerely, ...

Formulierungshilfen

Wir laden Sie ein, am 9. Juni unsere renovierten Räumlichkeiten zu besichtigen und an einem Cocktail-Empfang von 19:00 bis 22:00 teilzunehmen.
We cordially invite you to see our renovated facilities and to attend a cocktail reception on June 9, 7:00-10:00 pm.

Herr und Frau Sullivan nehmen die Einladung des Vorstands der XYZ Corporation zum Abendessen am 22. August dankend an.
Mr. and Mrs. Sullivan thank the board of directors of the XYZ Corporation for the invitation to attend the dinner on August 22 and are pleased to accept it.

Herr und Frau Pritchett bedauern zutiefst, dass es ihnen unmöglich ist, die Einladung der XYZ Corporation zum Abendessen anzunehmen, da sie für den 22.08. bereits eine andere Verpflichtung eingegangen sind.
Mr. and Mrs. Pritchett sincerely regret that they are unable to accept the invitation of the XYZ Corporation for the dinner held on August 22 due to a prior commitment.

Vielen Dank für die Einladung zu Ihrer Vorverkaufsshow, an der ich gerne teilnehmen werde.
Thank you very much for your invitation to your pre-sale show, which I will be happy to attend.

Es ist mir leider nicht möglich, an der Präsentation des XYZ teilzunehmen, ...
I will not be able to attend the presentation of XYZ because ...

... wegen einer anderweitigen Verpflichtung.
... of another engagement.

... weil ich mich geschäftlich den ganzen April in Asien aufhalten werde.
... I will be away on business in Asia during the entire month of April.

Tipps

- RSVP (Répondez, s'il vous plaît) bei Einladungen bedeutet „Um Antwort wird gebeten".
- honor (AE), honour (BE)
- Durch das Ausschreiben aller Wörter („I would" statt „I'd") wird der Ton der E-Mail formeller.

15. Termine vereinbaren

Termine werden vereinbart, um Projekte zu besprechen, Geschäfte abzuschließen oder einfach nur, um bestehende Kontakte zu pflegen.

Beispiel

Dear Paul:

I will be in Portland on Tuesday, March 22 and would like to meet you at your office.

Would it be convenient for you to meet me on this date? Please let me know at what time I could see you.
I look forward to seeing you.

Kind Regards, ...

Formulierungshilfen

Ich werde mich telefonisch mit Ihnen in Verbindung setzen, um einen Termin zu vereinbaren.
I will get in touch with you by telephone to make an appointment.

Ich werde morgen Ihre Sekretärin anrufen, um ein Treffen zu vereinbaren.
I will call your secretary tomorrow to arrange a meeting.

Schreiben Sie mir kurz, wann Sie Zeit für mich haben.
Please drop me a line as to when you could see me.

Ich freue mich ...
I am looking forward ...

... auf unser Treffen.
... to our meeting.
... darauf, Sie zu treffen.
... to meeting (with) you.

Wir können zum oben vereinbarten Datum jederzeit in Ihrem Büro vorbeischauen.
We can come to your office at any time on the above mentioned day.

Am 3. September werde ich mich in München aufhalten und würde mich, wenn es möglich ist, gerne mit Ihnen treffen.
I am going to be in Munich on September 3 and I would like to meet with you if possible.

Wie vor zwei Tagen telefonisch vereinbart, habe ich die Verfügbarkeit unseres schwedischen Lieferanten im Februar geprüft. Wir würden uns sehr glücklich schätzen, Sie am Mittwoch, den 03.09., in Oslo zu treffen.
As per our telephone conversation two days ago, I have checked the availability of our Swedish supplier in February. We would be very happy to meet you in Oslo on Wednesday, September 3. Please let me know what time would be convenient for you.

Tipps

- Das Beispiel ist ungezwungen und kurz; der Grund für den Termin wird nicht genannt. Das bedeutet, dass Sender und Empfänger sich gut kennen und beide wissen, worum es sich handelt oder man sich „einfach so" trifft.
- to meet with somebody (AE), to meet somebody (BE)

16. Termine verschieben/absagen

Oft sieht man sich in der Verlegenheit, anberaumte Termine verschieben oder absagen zu müssen. Die Gründe sind vielfältig und sollten immer von einer Entschuldigung begleitet sein.

Termine verschieben

Dear Mr. Anderson:

Unfortunately I have to inform you that I cannot keep our appointment on Friday, April 4. I would suggest to postpone our meeting until Thursday, April 10.

Please let me know, if this date is convenient for you.

Sincerely, ...

Termine absagen – formell

Dear Mr. Bellsmith:

Much to my regret I have to cancel my visit to your company due to a fire in our warehouse in Hamburg. I would appreciate it if we could agree upon another date for our meeting.

Thank you very much for your understanding.

Sincerely, ...

Formulierungshilfen

Könnten wir möglicherweise unser Treffen verschieben?
I wonder whether we could postpone our meeting.

Leider konnte ich Sie/Dich telefonisch nicht erreichen; darum diese E-Mail, um Ihnen/Dir mitzuteilen, dass ich unser morgiges Treffen absagen muss. Tut mir leid!
I have not been able to reach you on the phone, so I am writing you this mail to tell you I have to cancel our date for tomorrow. I'm sorry!

Ich sehe mich leider gezwungen, den Termin unseres Treffens zu verschieben.
I am forced to change the date of our meeting.

Zu meinem Bedauern muss ich Ihnen mitteilen, dass ich Sie nicht persönlich am Flughafen abholen kann, sondern meine Sekretärin Linda Hörnchen.
Regretfully, I have to inform you that I will not be able to pick you up from the airport personally but my secretary Linda Hörnchen will.

Leider kann ich am 5. August nicht nach Edinburgh kommen. Ich komme am 8. und bleibe bis zum 12. Es gibt also kein Treffen am 6.
I am afraid I can't come to Edinburgh on August 5. I'm coming on the 8th and staying until the 12th. So there's no meeting on the 6th.

Tipps

- Regretfully/Much to my regret/With great regret heißt im Deutschen „(Sehr) zu meinem Bedauern/bedauerlicherweise" und steht am Satzanfang.
- „to wonder" heißt im Deutschen eigentlich „sich fragen"
- Durch „contractions" („can't"/„there's") und die Form des Datums wird eine Absage sehr informell.

17. Eingangsbestätigung

Eine Eingangsbestätigung einer geschäftlichen E-Mail sollte rasch geschehen, auch oder gerade, wenn der eigentliche Empfänger nicht erreichbar ist.

Formelles Beispiel

Dear Ms. Arbutus:

Thank you for your e-mail of last Friday (Dec. 1), addressed to Mr. Carl Wood, concerning your questions about attaching your invoice to your e-mail. Mr. Wood is out of town, but I will see that your question is called to his attention as soon as he returns to the office next week.

Thanks for your patience.

Sincerely, ...

Informelles Beispiel

Dear all,

Just a quick note to say that Emma is on holiday this week, and I am buried under about 100 e-mails per day. If you have emailed Emma and haven't heard anything from her, please don't panic. I am slowly wading through the e-mails!

Have a nice week!

Regards,
Laura

Formulierungshilfen

Vielen Dank für Ihre E-Mail, in der Sie um einen Termin mit Herrn John James bitten. Leider muss ich Ihnen mitteilen, dass Herr James zur Zeit nicht im Büro ist und vor Ende Juli auch nicht zurück erwartet wird.
Thank you for your e-mail asking for an appointment with Mr. John James. Unfortunately, I have to inform you he is away from the office and is not expected back until the end of July.

Frau Klein ist derzeit geschäftlich in Montreal, Kanada, und kehrt am 03.09. wieder nach Hamburg zurück. Frau Klein wird danach sicher baldmöglichst Kontakt mit Ihnen aufnehmen.
Ms. Klein is away on business in Montreal, Canada and plans to return to Hamburg on September 3. I am certain Ms. Klein will contact you immediately upon her return.

Hiermit bestätige ich den Eingang Ihrer E-Mail vom 17. Juli an Frau Klagge. Ich werde Frau Klagge von Ihrer Mail bei nächster Gelegenheit in Kenntnis setzen.
This e-mail is to acknowledge your e-mail of July 17 to Ms. Klagge. I will mention your e-mail to her at the first opportunity possible.

Tipps

- Monatsnamen und Wochentage werden mit den ersten drei Buchstaben abgekürzt: „Jan./Feb./… /Mon./Tue./…"
- Die ersten drei Ordnungszahlen werden mit „1st (first), 2nd (second), 3rd (third)" wiedergegeben, ab vier durch Zahlen mit „th": „4th (fourth)".

18. Reservierungen

Reservierungen und Stornierungen können für eine Reihe von Leistungen vorgenommen werden. Sie sollten sie sich möglichst bestätigen lassen, um Missverständnisse auszuschließen.

Beispiel

Dear Ms. Soderberg:

As discussed on the phone yesterday, I would like to reserve your conference room where brunch can also be served for 55 people. The reservation is for Friday, January 16 from 8:00 am to 1:00 pm.

For every participant we also would like to book a room with voice mail and internet access for the night of January 15.

Thank you for confirming this reservation.

Yours truly, ...

Formulierungshilfen

Wir möchten gerne einen Ihrer Tagungsräume mit Bestuhlung für 100 Teilnehmer buchen.
We would like to reserve one of your conference rooms with seating capacity for 100 people.

Wir benötigen noch folgende Geräteausstattung und Leistungen:
We also need the following equipment and services:

- 1 Videorecorder (Multisystem)/Video cassette player (multisystem)

- 2 Fernsehgeräte / Television monitors
- Mikrofon, Lautsprecheranlage / Microphone, public address system
- 1 Flip-Chart und Flip-Chart-Marker / Flip chart & flip chart markers
- Möglichkeit zum Faxen, Computer, Internetanschluss / Fax/ computer facilities / internet access
- 1 Overheadprojektor u. Leinwand / (Overhead) projector & projection screen
- Videoprojektor (Beamer) und Lichtzeiger (Laser-Pointer) / Video projector & laser pointer
- Flughafentransfer / Airport transfer
- nicht-alkoholische Getränke / Erfrischungen / (non-) alcoholic beverages / refreshments
- Versorgung mit Kaffee und Tee / Coffee and tea service

Bedauerlicherweise muss ich unsere Reservierung für den 16. Januar stornieren.
Regretfully, I have to cancel our reservation for January 16.

Zusätzlich möchte ich noch einen Raum reservieren, in dem nach dem Meeting ein Mittagessen serviert wird.
I would like to reserve an additional room, where lunch will be served after the meeting.

Tipps

- Beim Reservieren eines Videorecorders auf das System achten, um ein einwandfreies Abspielen sicherzustellen (PAL NTSC / SECAM / Multisystem).
- Der Oberbegriff für „meeting room / conference room" ist der „function room", der Veranstaltungsraum.

19. Adressänderung

Kunden, Lieferanten oder dem Aboservice seine neue Adresse mitzuteilen, ist ebenso wichtig wie die Benachrichtigung, wenn sich E-Mail und Internetadressen ändern.

Beispiel 1 (informell, für viele)

Dear Customers:

This is to inform you that our website's address has changed to http://www.alphaphone.com. Please use the new address or you will be redirected automatically after 10 seconds. Please do not forget to change your bookmarks accordingly.

Thanks, ...

Beispiel 2 (an eine Person/Firma gerichtet)

I am writing to inform you that as of March 12 my address will change. Please update your records accordingly.

Name
Pfirsichstr. 12
12121 Stadt
Germany

Formulierungshilfen

Das schnelle Wachstum unseres Geschäft hat uns zum Umzug gezwungen. Sie finden uns jetzt in der Chausseestr. 1–5, 14479 Stadt, Tel.: (0671) 12 23 45.
The rapid growth of our business has forced us to move. You can now find us at: Chausseestr. 1–5, 14479 Stadt, Tel.: +44 (671) 12-23 45.

Unsere Adresse, gültig ab 4.5., lautet: 1565 Yew Rd., Bal Harbour, FL 11257.
Effective May 4, our address will be 1565 Yew Rd., Bal Harbour, FL 11257.

Unsere neue Adresse lautet: Burgschmietstr. 22, 23561 Neustadt, Germany.
Our address has changed to: Burgschmietstr. 22, 23561 Neustadt, Germany.

Bitte nehmen Sie zur Kenntnis, dass wir in die 2905 Bridge Street West umgezogen sind und eine neue Faxnummer haben: (210) 385-5435.
Please be advised that we have moved to: 2905 Bridge Street West and have a new fax#: (210) 385-5435.

Bitte ändern Sie von diesem Datum an den Eintrag in Ihrer Adresskartei.
Please change your records as of that date.

Mac Renovations hat zur Zeit Probleme mit der E-Mail. Bitte senden Sie vorläufig Ihre E-Mails an crocodile@australia.au.
Mac Renovations is presently experiencing email problems. For the near future please address emails to: crocodile@australia.au.

Tipps

- Abkürzungen in Straßennamen: Ave. (Avenue), Blvd. (Boulevard), Cl. (Close), Cr. (Crescent), Ct. (Court), Dr. (Drive), Ln. (Lane), Pl. (Place), Rd. (Road), St. (Street), Sq. (Square), Ter. (Terrace)
- Im englischen Sprachraum steht die Hausnummer vor dem Straßennamen.

20. Mitgliedschaft

Die Mitgliedschaft in einem Business-Club oder einer Gesellschaft sowie das Abonnement einer (Fach-)Zeitschrift wird häufig aus beruflichen Gründen angestrebt, beides kann natürlich auch wieder gekündigt werden.

Beispiel

Dear Dr. Pickwick:

On behalf of Mr. K. Müller, president of the Telco Gesellschaft in Berlin, I would like to invite you to consider a membership in our international Business Club.

Our Business Club was established in 1962 and is well known for its international projects. Through your membership you support mentoring programs for young businessmen and women.

Please have a look at our website for further details and let us know if you are willing to become a member.

Sincerely, ...

Formulierungshilfen

Ich möchte gerne „The Linux Journal" abonnieren.
I would like to subscribe to The Linux Journal.

Hiermit kündige ich mein Abonnement des Astronomical Magazine. Bitte bestätigen Sie den Erhalt dieser E-Mail.
I hereby cancel my subscription to the Astronomical Magazine. Please confirm the receipt of this e-mail.

Ich möchte gerne Mitglied im Calgary Professional Club werden. Bitte senden Sie mir ein Anmeldeformular.
I would like to become a member of the Calgary Professional Club. Please send me an application form.

Aus unterschiedlichen Gründen muss ich meine Mitgliedschaft kündigen.
For complex reasons I have to cancel my membership.

Ich habe großes Interesse, im Friendly Club Mitglied zu werden. Könnten Sie mir bitte Informationen über Mitgliedschaft und Beiträge senden?
I am very interested in becoming a member of the Friendly Club. Could you please send me information about membership and fees?

Wenn Sie bei C.O.O.L. Mitglied werden möchten, kontaktieren Sie uns über E-Mail.
If you want to become a C.O.O.L. member contact us via email.

Tipps

- Das Wort „subscription" heißt sowohl „Abonnement" als auch „Mitgliedsbeitrag".
- Wer den Sicherheitsprotokollen im Internet nicht seine persönlichen Daten/Kreditkartennummer anvertrauen möchte, kann oftmals die Online-Formulare ausdrucken und per Fax verschicken.

21. Bewerbungs-anschreiben

Für eine Bewerbung per E-Mail empfiehlt sich in der Regel ein kurzes Anschreiben. Häufig erfolgt danach erst die Aufforderung, seinen Lebenslauf einzuschicken.

Beispiel

Dear Mr. Milburn:

I am responding to your advertisement posted on www.jobsforme.com. I would like to apply for the position as bilingual secretary. I appear to fit the descriptions in your advertisement.

Currently I am working in the sales department of Xnet GmbH in Dresden (since 1997). In addition to the normal secretarial duties, I am responsible for the correspondence with our European branches.

I would welcome the opportunity to discuss further details of the position with you personally. Please find my CV attached. Personal and business references are available upon request.

I look forward to hearing from you soon.

Sincerely yours, ...

Formulierungshilfen

Ich habe bei mehreren internationalen Firmen als Praktikantin gearbeitet.
I have worked as an intern with international companies.

Mit großem Interesse habe ich Ihr Stellenangebot für ein/e erfahrene XYZ in der Zeitung „Business Today" vom 20.02. gelesen.
I read your advertisement for an experienced XYZ in the February 20th issue of Business Today with great interest.

Ich habe die XYZ Universität in Köln besucht und mein Studium der Sozialwissenschaften mit dem Magistertitel abgeschlossen.
I attended XYZ University in Cologne where I earned my Master of Arts degree in Social Sciences.

Meine beruflichen Qualifikationen entsprechen/Meine Berufsausbildung entspricht den Anforderungen Ihrer Firma.
My professional qualifications/professional training appear/appears to be well suited to your company's requirements.

Tipps

- Statt „CV" (curriculum vitae) für Lebenslauf wird auch das Wort „résumé/resume" verwendet.
- Für „derzeit/zurzeit" kann „currently/at present" verwendet werden.
- Viele Firmen haben gleichzeitig mehrere Stellen ausgeschrieben und geben für jede Stelle eine eigene E-Mail-Adresse an. Es ist dennoch sinnvoll, auf eine vollständige Betreffzeile zu achten. (warum, wofür: Application for...).

22. Lebenslauf

Der Lebenslauf für eine E-Mail-Bewerbung enthält die üblichen Punkte. Entweder ist er Teil des Anschreibens, oder man hängt ihn als Attachment an.

1. Standardangaben zur Person — Personal information

Name / Name:
Geburtsdatum / Date of birth:
Geburtsort / Place of birth:
Anschrift / Address:
Telefon / Phone:
E-Mail-Adresse / E-mail:
Internetadresse / Internet:

2. Ziele — Objective

Eine verantwortungsvolle Stelle in einem mittleren Unternehmen mit Aufstiegsmöglichkeiten.
A position in a medium-sized company offering responsibility and advancement.

Für ein großes Unternehmen in einer Wachstumsbranche mit Aufstiegsmöglichkeiten und beruflicher Weiterentwicklung zu arbeiten.
To work for a large company in a growing industry that offers advancement and professional growth.

3. Ausbildung — Education

Beglaubigte / r Übersetzer / in und Dolmetscher / in, 1998
Certified translator and interpreter, 1998

Umschulung zur Fremdsprachensekretärin, 1996 – 1998
Retraining as bilingual secretary, 1996 – 1998

4. Berufserfahrung in/als — Work Experience at/as

Praktikum in der Marketing-Abteilung, August 1995
Internship: worked in the Marketing Department, August 1995
Fremdsprachensekretärin und Persönliche Assistentin: seit 1996
Bilingual Secretary and Personal Assistant: 1996-Present

5. Besondere Kenntnisse — Special Skills

Gute / Fließende Englischkenntnisse in Wort und Schrift.
Good understanding of / Fluency in English (both in) written and spoken / word and writing. Fluent in English.
Computerkenntnisse / Computer literate / skills
Überzeugende / Hervorragende kommunikative / Verhandlungs-/ Präsentationsfähigkeiten
Strong / Excellent communication / negotiation / presentation skills.
Kenntnisse in CAD / CAM; Vertraut mit CAD und CAM.
CAD / CAM knowledge; familiarity with CAD and CAM.

6. Referenzen — References

Zeugnisse / Referenzen auf Anfrage.
References available upon / on request.

Tipps

- Im Teil „Objective" können sowohl persönliche als auch berufliche Ziele beschrieben werden.
- Im englischen Sprachraum werden meist die jüngsten Stationen im Lebenslauf zuerst genannt, da sie relevanter für die berufliche Qualifikation sind.

23. Empfehlungsschreiben

Empfehlungsschreiben sind im Ausland, vor allem in den USA üblich. Man kann sie, zusätzlich oder als eine Art Zeugnisersatz, am Ende eines Arbeitsverhältnisses erbitten.

Beispiel 1

Dear Mr. Morck:

Ms. Karla Schreiber has applied to us for the position of personal bilingual secretary for our marketing manager and has given your name as an employment reference. We would be very grateful for any information concerning her secretarial skills and work habits.

We assure you that your response will be held in strict confidence.

Sincerely, ...

Beispiel 2

Dear John:

I am applying to various companies in Canada for a position as a business management trainee. I would like to use your name as a personal reference who can testify to my fluency in Spanish and Russian.

Thank you very much for your help.

Sincerely, ...

Formulierungshilfen

Wir haben von Frau Katrin Williams eine Bewerbung als Call Center Agent im Kundendienst erhalten.
We received an application from Ms. Katrin Williams for the position of call center agent with our company.

Selbstverständlich werden all Ihre Anmerkungen streng vertraulich behandelt.
Needless to say that all your comments will be kept strictly confidential.

Vielen Dank, dass Sie sich die Zeit nehmen, diese Anfrage zu beantworten.
Thank you very much for your time in answering this request.

Falls ich Ihnen in Zukunft irgendwie behilflich sein kann, lassen Sie es mich bitte wissen.
If I can be of any help to you in the future, please let me know.

Herr E. D. Smith ist für die Stelle eines Buchhalters in die engere Wahl gezogen worden und hat Sie als Referenz angegeben.
Mr. E. D. Smith is being considered for a position as bookkeeper and has given your name as a reference.

Tipp

- Falls man selbst um eine Referenz bittet, kann man mit „You offered to write ..." oder „We talked about ..." erwähnen, dass man schon mal darüber gesprochen hat.

24. Unaufgeforderte Bewerbungen

Wenn man seinen Traumjob nicht in der Zeitung findet, hilft nur noch eins: Eigeninitiative – und sich unaufgefordert bei Wunschfirmen bewerben.

Beispiel

Dear Sir or Madam:

I am writing to inquire about the possibility of obtaining a position as an intern in your secretarial pool. I will finish my vocational training (bilingual secretary) in November 2003.

Part of my training is an unpaid three-week internship within an organization. Your company's reputation and profile correspond to my idea of a future employer.

I am attaching my CV, qualifications, and a photo (.jpg-file) for your review.

I look forward to hearing from you soon.

Yours faithfully, ...

Formulierungshilfen

Zurzeit bin ich Student der Kernphysik in Nürnberg. Ich werde in zwei Monaten, am 1. Mai 2003, mein Studium beenden. Ich möchte mich um eine Stelle in Ihrer Abteilung für Software-Entwicklung bewerben.
Presently I am a student of nuclear physics in Nuremberg, Germany. I will graduate in two months, on May 1, 2003. I

would like to apply for a position in your software developing department.

Ich bin gerne bereit umzuziehen.
I am willing to relocate.

Zurzeit bin ich als Verkäuferin tätig.
At present I work as a shop assistant.

Ich bin seit sieben Monaten ohne Anstellung.
I have not been employed for seven months.

Ich plane, nach zwei Jahren Erziehungsurlaub, in mein Arbeitsgebiet als Artdirector zurückzukehren.
I am planning to return to my field of work as an art director after two years of parental leave.

Ich würde gerne halb- oder ganztags in Ihrem Unternehmen arbeiten.
I would like to obtain either a part-time or full-time position in your company.

Tipps

- „Inc." steht für „Incorporated" (eingetragen), „Ltd." für „Limited" (GmbH), „PLC." für „Public Limited Company" (Mischform zwischen AG / GmbH in Großbritannien).
- Bei einer unaufgeforderten Bewerbung ist die Betreffzeile besonders wichtig.
- Das Wort „apply" behält das „y" im Stamm in der -ing-Form bei.

25. Musterfax

Der Aufbau eines Faxes hat große Ähnlichkeit mit einem Geschäftsbrief. Beide werden meistens im „block-style" (durchgehend linksbündig, auch Datum und Briefkopf) verfasst.

June 7, 2011

Mr. Paul Johnston
President
China Trading Co. Ltd.
554 Cooper Road
Miami, FL 33154
USA

RE: Delay in shipment of XYZ

Faxed and mailed

Dear Sir:

We regret to inform you that there has been a delay in the shipment of your XYZ.

The terms of the contract between us specify that the XYZ was to be delivered by June 4, 2011. Today is June 21, 2003, but no XYZ has been delivered, which has caused us considerable difficulties.

We request that you immediately ship us the XYZ. We also wish to remind you of the penalty clause of USD 50,000 per day for failure to deliver on time.

Please advise us immediately of the reason for this inexcusable delay.

Yours faithfully, ...

Tipps

- Das Deckblatt enthält folgende Informationen: Von / From: Vor- und Nachname des Senders, Firmenname, Adresse, Telefon- / Faxnummer und An / To: Name / Firma / Adresse des Empfängers, Seitenzahl, den Hinweis: „Faxed and mailed" und eventuell den Zusatz: „zu Händen / for the attention of" (abgekürzt zu: „Attention: Mr. Smith / Attn. Mr. Smith / Marketing Dept., attn. Mr. Smith"
- Im AE wird beim Datum der Monat vor dem Tag genannt, was zu Missverständnissen führen kann, wenn nur Zahlen bei der Datumsangabe verwendet werden. Es empfiehlt sich die Ausschreibung des Monats: December 3, 2011 statt 12/3/2011.
- Der Hinweis „Faxed and mailed" sagt dem Empfänger, dass ein Brief gleichen Inhalts bereits unterwegs ist.
- Um eine zusätzliche Bestätigung kann mit „Please confirm the receipt by fax, marked for the attention of Mr. Peter Collins." gebeten werden.
- Die Unterschrift sollte mit Vor- und Nachnamen erfolgen. Eine Zeile darunter wird der Name wiederholt und dann die Position, die man im Unternehmen einnimmt, genannt:
  Peter Steiner
  Sales Director

26. Mahnschreiben

Mahnschreiben per E-Mail oder Fax sind ein schneller Weg, den anderen an eine ausstehende Zahlungsverpflichtung zu erinnern.

Erste Mahnung

Dear Mr. Taylor:

An examination of our records show that we still have not received remittance of USD 1,234.56.

We would appreciate a prompt payment. If you have already done so, please disregard this letter.

Sincerely, ...

Zweite Mahnung

Dear Mr. Taylor:

We have not received any answer to our recent faxes regarding your overdue payment of USD 1,234.56. Please remit the amount immediately or call me at (123) 456-7890 to discuss the matter.

We regret to inform you that we cannot accept any further orders from you until we have received your remittance.

Sincerely, ...

Dritte Mahnung

Dear Mr. Taylor:

This is to notify you that your outstanding balance of USD 1,234.56 is now two months overdue.

Despite our faxes and e-mails we have had no response from you. Unless we hear from you within three business days this matter will be referred to our attorney for legal action.

Sincerely, ...

Formulierungshilfen

Wir möchten Sie daran erinnern, dass die Zahlung von USD 1,234.56 für Ihre Bestellung (Nr. AB-2) noch aussteht.
Just a friendly reminder that we have not yet received your payment of USD 1,234.56 for your order No. AB-2.

Sie haben mir noch nicht die letztmonatliche Zahlung überwiesen, und in zehn Tagen wird eine weitere Rate fällig.
You have not sent us the previous month's payment and in ten days another installment will be due.

Vielen Dank für Ihren Scheck, der bedauerlicherweise von Ihrer Bank aufgrund unzureichender Deckung abgelehnt wurde.
Thank you for your check, which was unfortunately returned by your bank because of insufficient funds.

Tipps

- check (AE), cheque (BE); installment (AE), instalment (BE)
- Ein Wort, das hervorgehoben werden soll, wird in Asterisken (z. B. *cash*) eingeschlossen, da Unterstreichungen oder Kursive in E-Mails oft nicht übertragen werden.

27. Angerufen werden

Was alles zur freundlichen Begrüßung des Anrufers gehört – und wie Sie sich wieder von ihm verabschieden.

1. Begrüßung

Guten Morgen / Tag / Abend / Hallo ...
Good morning / afternoon / evening / Hello ...

Buchhaltung. Sie sprechen mit Mary Black.
Accounting. This is Mary Black.

Guten Tag, Johns & Sons, Mary Black am Apparat ...
Hello, Johns & Sons, Mary Black speaking, ...

Alco Company, Mary Black.
Alco Company. This is Mary Black.

Kann ich Ihnen helfen?
May I help you?

Wie kann ich Ihnen helfen?
How can I help you?
How may I help you?

Was kann ich für Sie tun?
What can I do for you?

Guten Tag, Büro von Mary Black. Sie sprechen mit Emma Wood.
Hello. Mary Black's office. This is Emma Wood.

2. Verabschiedung

Wenn ich noch irgendetwas für Sie tun kann, rufen Sie bitte wieder an.
If there's anything else I can do for you, please call again.

Vielen Dank für Ihren Anruf, Herr Heart.
Thank you very much for your call, Mr. Heart.

Danke, dass Sie AD&L angerufen haben. Auf Wiederhören.
Thank you for calling AD&L. Goodbye.

Ich werde Sie um 16:00 Uhr zurückrufen, Herr Smith.
I'll call you back at 4 pm, Mr. Smith.

Lassen Sie mich das Gespräch zusammenfassen: ...
Let me summarize the call: ...

Es war schön, mit Ihnen zu sprechen, Frau Parker.
I have enjoyed talking to you, Ms. Parker. Goodbye.

Schön, dass Sie angerufen haben, Herr Argyle.
I'm glad that you called, Mr. Argyle. Bye now.

Tipps

- Don't: „What do you want/need?"
  Do: „How can I help you?"
- Don't: „Who?"
  Do: „I am sorry, I did not get your name, could you repeat it?"
- „Bye now/then" ist eher informell und entspricht dem deutschen „Tschüss".

28. Anrufen

Unwahrscheinlich, dass man sofort die gewünschte Person am Apparat hat – also durchfragen und immer einen Eröffnungssatz parat haben.

1. Vorstellung am Telefon

Guten Morgen / Tag / Abend / Hallo, ...
Good morning / afternoon / evening / Hello, ...

Hier spricht Karin Schneider von Ampersand Corporation.
This is Karin Schneider calling from Ampersand Corporation.

2. Sich durchfragen

Ist Gary Taylor zu sprechen?
Is Gary Taylor available?

Könnte ich bitte mit Mr. Simpson sprechen?
May I speak with Mr. Simpson?

Bitte verbinden Sie mich mit Herrn Argyle.
Please connect me with Mr. Argyle.

Könnten Sie bitte so nett sein und mich mit Herrn Taylor verbinden, es ist dringend.
Would you please be so kind as to connect me with Mr. Taylor, it's urgent.

Bitte stellen Sie mich zum Kundendienst durch.
Please put me through to customer service.

Ist Frank James da? Es ist vertraulich.
Is Frank James in? It's confidential.

3. Eröffnungssätze

Hallo, mein Name ist Susanne Groß aus Deutschland. Ich habe Interesse an …/hätte gerne Informationen zu …
Hello, my name is Susanne Groß, I am calling from Germany. I'm interested in …/would like to get some information on/about …

Hallo, hier ist Marc Mann. Ich möchte mit Herrn Vandroor sprechen oder ihm eine Nachricht hinterlassen.
Hello, this is Marc Mann. I'd like to speak to Mr. Vandroor or leave him a message.

Guten Tag, Frau Turner. Hier ist Karin Schneider von L.S. Enterprise. Ich brauche noch ein paar Informationen zu Ihrer Beschwerde. Haben Sie einen Moment Zeit?
Hello Ms. Turner. This is Karin Schneider with L.S. Enterprise. I need to get some information about your complaint. Is this a good time for you to talk?

4. Sich verabschieden

Das waren alle Informationen, die ich brauchte. Danke vielmals.
That was all the information I needed. Thank you so much.

Tipps

- Jemanden geschäftlich sprechen: „to speak to someone on business"
- „Is this a good time to talk?" wird sehr oft gefragt, da üblicherweise Gespräche kürzer und direkter sind als in Deutschland.
- „Speak" wird in höflichen Bitten verwendet.

29. Nachrichten entgegennehmen

Wenn man für die Kollegin/den Kollegen einen Anruf entgegennimmt, ist es wichtig, alle Details zu verstehen und zu notieren. Manchmal muss man auch nachfragen.

1. (Vor-)Name/Firmenname

Ich habe Ihren Namen nicht genau verstanden, könnten Sie ihn bitte wiederholen? Wie schreibt man das?
I did not get your name, could you please repeat it? How do you spell it?

Ich möchte sichergehen, dass ich die Nachricht richtig weitergebe. Könnten Sie Ihren Namen bitte buchstabieren?
I want to make sure the message is accurate. Will you spell your name, please?/Could you spell that please?

Sie rufen in wessen Namen an?
You are calling on behalf of whom?

Sie sind die Sekretärin von Herrn ...?
You are the secretary of Mr. ...?

Entschuldigung, wie war der Name Ihrer Firma?
Sorry, what was your company's name?

2. Die Telefonnummer

Unter welcher Telefonnummer sind Sie zu erreichen?
At what number can you be reached?

Bitte geben Sie mir Ihre Nummer mit Vorwahl durch.
Please give me your number and your area code.

3. Der Grund des Anrufs

Möchten Sie Frau James eine Nachricht hinterlassen, damit sie weiß, worum es sich handelt, wenn sie Sie zurückruft?
Is there any information you would like to leave that may be helpful to Ms. James when she calls you back?

Möchten Sie eine Nachricht hinterlassen?
Would you like to leave a message?

Soll ich eine Nachricht aufnehmen?
Can I take a message?

Ich leite Ihre Nachricht an Frau Crockatt weiter.
I'll pass your message on to Ms. Crockatt.

Tipps

- Don't: „He's out to lunch."
  Do: „I am sorry, but Mr. Schmidt is away from the office for about an hour. Can I ask him to call you back?"
  Don't: „Ms. Fischer is not feeling well today, please call later."
  Do: „Ms. Fischer is at a meeting. May I take your name and number and ask her to return your call?"
- Don't: „He's already gone. / He's not yet in."
  „He is not available right now. Would you like to leave a message?"

30. Rückruf

Falls der gewünschte Telefonpartner auf einer anderen Leitung telefoniert, in einer Besprechung oder nicht am Platz ist, bekommt man einen Rückruf angeboten beziehungsweise kann danach fragen.

1. Um Rückruf bitten

Würden Sie bitte Frau Miller bitten, mich bis 17:00 Uhr zurückzurufen?
Could you ask Ms. Miller to call me back by 5 pm?

Könnten Sie ihm bitte ausrichten, dass ich angerufen habe – Pansy Bloom, und ihn bitten, mir den Vertrag zu faxen?
Can you tell him I called – Pansy Bloom; and ask him to fax me the contract?

2. Rückruf anbieten

Ich habe gerade jemanden auf der anderen Leitung, was ein bisschen länger dauern wird. Kann ich Sie zurückrufen?
I have someone on the other line, who is going to take a while. Can I call you back?

Sind Sie unter Ihrer Büronummer zu erreichen?
Are you at your office number?

Kann ich mich in zehn Minuten wieder bei Ihnen melden?
Can I get back to you in ten minutes?

Es tut mir leid, aber Herr Jones ist zurzeit in einer Besprechung. Können/Könnten Sie es später noch einmal versuchen?
I'm sorry, Mr. Jones is in a meeting. Can/Could you call back later in the day?

Leider ist Herr Jones augenblicklich nicht am Platz. Ich richte ihm aus, dass Sie angerufen haben, und gebe ihm Ihre Telefonnummer.
I'm afraid Mr. Jones is not in at the moment. I'll let him know you called and give him your number.

Ich werde mich in der Buchhaltung erkundigen und Sie bis 16:00 Uhr zurückrufen. Ist Ihnen das recht?
I'll check on this with the accounts department and call you back by 4pm. Is that OK with you?

Kann er Sie um 12:00 Uhr zurückrufen?
Can he call you back at 12 o'clock?

Könnte Frau Fowler mich bitte zurückrufen, ich habe im Moment leider keine Zeit zu warten. Ich bin unter meiner Büronummer zu erreichen.
Could Ms. Fowler call me back, right now I am too busy to wait. I'm at my office number.

Tipps

- Don't: „seven days / fourteen days"
  Do: „a week / a fortnight" (BE) oder „two weeks"
- In Großbritannien wird statt der Vorwahl oft die Stadt angegeben: „London, six five four three two".
- Telefonnummern, die auf 00 oder 000 enden werden als Hunderter oder Tausender gesprochen: „one two three two six hundred (123-2600), one two three four thousand (123-4000)".
- „Ext. 123" wird gesprochen: „extension one two three".

31. Rufweiterleitung

Wenn man selbst nicht der/die gewünschte Gesprächspartner/in ist oder bei ihm/ihr besetzt ist oder sich der Anrufer verwählt hat, muss man den Anruf weiterleiten.

Leider ist Frau Smith im Moment nicht zu sprechen. Ich kann sie um einen Rückruf bitten, oder ich verbinde Sie jetzt mit unserer Versandabteilung.
I'm sorry, but Ms. Smith is not available at the moment. I'll ask her to call you back or I'll put you through to our shipping department.

Sie ist unter der Durchwahl 123 zu erreichen. Oder soll ich Sie durchstellen?
She can be reached on extension 123. Shall I put you through?

Nein, hier ist nicht die Durchwahl 2345. Ich gebe Sie zurück an die Telefonzentrale.
No, this is not extension 2345. I'll send you back to the switchboard.

Ich verbinde Sie gerne mit Frau Summers Büro, Herr – wie war der Name, Jürgensen?
I'll be happy to put you through to Ms. Summer's office, Mr. – was it Jürgensen?

Bitte bleiben Sie am Apparat, ich verbinde Sie mit Kate Muir.
Please hold the line, I'll connect you with Kate Muir.

Es tut mir Leid, aber ich kann Ihnen nicht weiterhelfen. Sie müssen mit Sally Grant, der Sachbearbeiterin für Beschwerden, sprechen.

Sorry, I can't help you. You need to talk to Sally Grant, she is the person responsible for complaints.

Es tut mir sehr leid, Herr Winter, dass ich Ihre Fragen nicht beantworten kann, aber Mary Lee kann Ihnen sicher weiterhelfen.
I'm very sorry, Mr. Winter, I can't answer your questions, but Mary Lee can help you.

Es tut mir Leid, aber er spricht auf einer anderen Leitung. Möchten Sie warten?
I am sorry, but he is on another line. Would you like to hold on?

Ihre neue Nummer / Privatnummer / Nummer von Zuhause ist 1234.
Her new number / private number / home number is 1234.

Nach 18:00 Uhr ist er über das Handy zu erreichen.
He can be reached by mobile (phone) after 6 pm.

Tipps

- at extension 123 / at 123-4567 (AE), on extension 123 / on 123-4567 (BE)
- Langes Warten (über 30 Sekunden) verärgert viele Anrufer, seien Sie deshalb extra freundlich, z. B. mit: „Sorry, to keep you waiting …"
- Direktdurchwahl = direct phone number
- connect someone to / with someone
- „Handy" heißt im Englischen nicht „Mobiltelefon", sondern „griffbereit, praktisch"!

32. Unhöflichkeiten

Wie begegnet man Gesprächspartnern, die unfreundlich, ohne Punkt und Komma auf einen einreden und im schlimmsten Fall nebenbei noch Kaugummi kauen – ohne selbst ausfallend zu werden?

1. Der Anrufer spricht nebenbei mit anderen

Frau Fisher, ich kann Ihnen nur schwer folgen. Sprechen Sie mit mir?
Ms. Fisher, it's difficult for me to follow you. Are you talking to me?

2. Der Anrufer wird ausfallend

Sir/Madam, bitte beruhigen Sie sich und helfen Sie mir zu verstehen.
Sir/Madam, please calm down and help me understand.

Okay, was halten Sie für eine angemessene Lösung für dieses Problem?
OK, what do you think is an appropriate solution to this problem?

3. Der Anrufer kommt nicht zum Wesentlichen

Herr Klein, was genau möchten Sie, dass ich in dieser Sache unternehme?
Mr. Klein, what exactly do you want me to do?

Herr Chatterbox, womit genau kann ich Ihnen helfen?
Mr. Chatterbox, how exactly may I help you?

4. Der Anrufer findet kein Ende

Frau Flintstone, lassen Sie mich Ihre Beschwerde zusammenfassen.
Ms. Flintstone, let me summarize your complaint.

5. Der Anrufer hört nebenbei Radio/kaut Kaugummi

Es tut mir Leid, ich kann Sie nicht hören. Die Verbindung ist heute sehr schlecht.
I am sorry, I can't hear you. The line is very bad today.

Es tut mir Leid, aber ich verstehe Sie nicht. Könnten Sie bitte langsamer sprechen?
I'm sorry, but I don't understand you. Could you speak more slowly, please?

Frau Shaw, ich habe jetzt zehn Minuten in der Warteschleife gehangen. Würden Sie mich bitte unverzüglich mit Herrn Shell verbinden oder ihn bitten, mich zurückzurufen, sobald er frei ist.
Ms. Shaw, I've been waiting on hold for ten minutes now. Could you please either connect me with Mr. Shell immediately or ask him to return my call when he is free.

Tipps

- „OK" ist die umgangssprachliche Variante von „all right"
- Don't: „Speak up, please!"
  Do: „I am sorry, I can't hear you. Could you possibly speak a little louder/more loudly?"

33. (Vor-) Bestellungen

Reservierungen oder Stornierungen per Telefon für ein Hotelzimmer auf Geschäftsreise oder für den Konferenzraum gehören ebenso unabdingbar zum täglichen „Business-Life" wie das Bestellen von Flugscheinen und Konzertkarten.

Beispiel

B: Charming Meadow Hotel, Sally Brown speaking, what can I do for you?

A: Good morning, this is Lynn McQueen with Money Inc. I'd like to book one of your board rooms for January 15.

B: We have three meeting rooms, but only the largest one with a maximum capacity of 160 is available on that date.

A: OK, that's perfect. Is there audio-visual equipment available?

B: Yes, our rooms are fully equipped with video players, television monitors, and public address systems. Overhead projectors are available on request.

A: Wonderful. So we need the room on January 15 from 8:00 to 2 pm. And we need some refreshments: tea and coffee, cookies and sandwiches during the break at 11 am. And four of the participants are leaving directly after the meeting. We therefore need shuttle service to the airport.

B: Very well, Ms. McQueen. We can arrange all that.

A: Could you please confirm my reservation by e-mail or fax? My e-mail-address is: mcqueenl@money.com; our fax number is (12 34) 2 34 56.

B: Certainly, thank you very much.

A: Thank you! Goodbye.

Formulierungshilfen

Ich möchte gerne acht Karten für das BBC Symphony Orchestra reservieren.
I'd like to book 8 tickets for the BBC Symphony Orchestra.

Ich möchte gerne ein Einzelzimmer für den 2.3. mit PC-/Internet-Anschluss / Voice-Mail buchen.
I'd like to reserve a single room with PC hook-up in room / internet access / voice mail for March 2.

Ich muss unsere Reservierung für einen kleinen Konferenzraum und ein Drei-Gänge-Menü stornieren.
I have to cancel our reservation for a small conference room and a three course dinner.

Ich möchte einen einfachen Flug in der First Class von London nach Frankfurt für den 12. März buchen.
I would like to book a single first class flight from London to Frankfurt on March 12.

Tipps

- „Certainly" am Telefon ist sehr höflich und entspricht ungefähr dem deutschen „sicher, gerne".
- Im Englischen wird auch die Unterscheidung zwischen Doppelzimmer (double room) und Zweibettzimmer (twin room) gemacht.
- one-way ticket (AE), single ticket (BE)
- Mit dem Wort „cancel" können Flüge / Hotelzimmer / Anmeldungen / Buchungen abgesagt / storniert werden.

34. Termine

Das Telefon ist das ideale Medium, um Termine zu vereinbaren: schnell und bequem. Und es bietet natürlich ebenso gute Dienste, falls man einen Termin verschieben oder absagen muss.

1. Termine vereinbaren

Haben Sie am Samstag, den 11., um 13:00 Uhr Zeit?
Are you free on Saturday the 11th at 1300?

Ich würde ein Treffen mit Ihrem Sales Manager vorschlagen, um alles zu besprechen.
I would suggest an appointment with your sales manager to talk things through.

Im Auftrag von Dr. Clever möchte ich mit Herrn Smart einen Termin vereinbaren.
On behalf of Dr. Clever I'd like to make an appointment with Mr. Smart.

2. Termine verschieben

Ich muss unser Treffen auf den 16. Januar / um eine Woche verschieben.
I have to postpone our meeting until January 16 / for a week.

Wäre es möglich, einen anderen Termin zu vereinbaren?
Would it be possible to set another date?

3. Termine absagen

Es tut mir Leid, aber ich muss unseren morgigen Termin absagen.
I'm afraid I have to cancel our appointment for tomorrow.

Herrn Smith ist es leider nicht möglich, den Termin mit Frau Jones einzuhalten.
Mr. Smith won't be able to keep the appointment with Ms. Jones.

Ich rufe an, um mitzuteilen, dass ich nächsten Freitag nicht kommen kann.
I'm calling to say I cannot come next Friday.

Ich bin heute für BA 704 nach München um 18:00 Uhr gebucht und würde gerne auf 21:00 Uhr umbuchen.
I'm booked on BA 704 to Munich today at 6 pm. I'd like to change this reservation to 9 pm.

Tipps

- Das Datum kann unterschiedlich geschrieben und gesprochen werden: „16th January 2003" (the sixteenth of January/January sixteenth two thousand three) oder „January 16, 2003" (January sixteenth two thousand three).
- Statt „pm/am" kann man auch sagen: „six in the morning, three in the afternoon, eight in the evening, eleven at night".
- Uhrzeiten werden auch so geschrieben (gesprochen): 1300 (thirteen hundred) oder 0800 (o eight hundred).
- Bei Zeitverschiebungen: „Berlin is about nine hours ahead of Vancouver. / Vancouver is about nine hours behind Berlin."

35. Anrufbeantworter

Was muss ich als Anrufer auf dem Band hinterlassen, damit ich zurückgerufen werden kann, und wie sieht eine professionelle Ansage aus?

1. Der Name, eventuell buchstabiert

Guten Morgen. Hier spricht Sally Chatham, C-H-A-T-H-A-M, aus Hong Kong.

Good morning. This is Sally Chatham, C-H-A-T-H-A-M, calling from Hong Kong.

2. Datum und Uhrzeit des Anrufes

Heute ist der 15. August, es ist 16:00 Uhr Ortszeit/hiesige Zeit.

It's August 15th at 4pm my time.

3. Kurze Begründung des Anrufs

Ich habe für Herrn Dupont eine Nachricht: Wir können vor Juni keine XYZ liefern.

I have a message for Mr. Dupont. We can't deliver XYZ until June.

4. Die eigene Telefonnummer

Bitte rufen Sie mich zurück. Meine Nummer ist 123456, die Vorwahl 482. Vielen Dank.

Please call me back. My number is 123-456, area code 482. Thank you.

5. Die eigene Erreichbarkeit

Ich bin täglich zwischen 8:00 und 16:00 Uhr Ihrer Zeit zu erreichen.

You can reach me every day between 8 am and 4 pm your time.

6. Aufforderung, eine Nachricht zu hinterlassen

Hier ist die AllSmart Corporation. Unser Büro ist zurzeit geschlossen. Unsere Sprechzeiten sind täglich von 8:00 bis 20:00 Uhr. Bitte versuchen Sie es ein anderes Mal, oder hinterlassen Sie Ihren Namen und Ihre Telefonnummer, und wir rufen Sie zurück. Bitte sprechen Sie nach dem Signalton.
This is AllSmart Corporation. Our office is closed at the moment. Our office hours are 8 am to 8 pm daily. Please call again or leave your name and telephone number and we will call you back. Please speak after the tone.

7. Verweis auf E-Mail oder Fax

Sie sind mit der Callme Corporation verbunden. Wir haben Urlaub bis Montag, den Ersten. Falls Sie eine dringende Nachricht haben, können Sie eine E-Mail senden an: info@callme.co.uk oder ein Fax schicken. Die Nummer ist: 089/123456.
This is Callme Corporation. We are on holiday until Monday the first. If you have an urgent message, you may send an e-mail to: info@callme.co.uk or fax us on (089) 123-456.

Tipps

- Zum Buchstabieren von Dotcom-Firmen sowie Internet- und E-Mail-Adressen siehe Service-Teil.
- Das Zeichen & wird in Firmennamen als „and" gesprochen.
- Im internationalen Austausch ist es wichtig, dass man die Zeitzone nennt, auf die man sich bezieht. Ihre Abkürzungen: CET (Central European Time), GMT (Greenwich Mean Time). Oder man sagt: „my/your/our/local time".

36. Beschwerden

Wie man Beschwerden annimmt, sich selbst beschwert, mit dem Kunden zusammen Lösungen findet oder sie ihm anbietet.

1. Sich beschweren

Guten Morgen, ich möchte mich beschweren. Gestern habe ich ein XYZ bekommen ...
Good morning, I'd like to register a complaint. Yesterday I received an XYZ ...

Ich muss gestehen, dass ich überhaupt nicht mit Ihrem ... zufrieden bin.
I have to say that I'm not at all satisfied with your ...

Guten Tag. Offenbar liegt ein Missverständnis bezüglich der Lieferung von ... vor.
Good afternoon, sir. Apparently, there seems to be a misunderstanding about the delivery of ...

Vor zwei Stunden habe ich Ihren Drucker bekommen, aber das Benutzerhandbuch fehlt. Zudem habe ich Probleme mit ...
Two hours ago I received your printer, but the manual is missing. And I'm having problems with ...

2. Beschwerden annehmen

Es tut mir sehr Leid.
I'm very sorry.

Bitte nehmen Sie unsere Entschuldigung für die Unannehmlichkeit an.
Please accept our apologies for the inconvenience.

Ich werde das sofort prüfen.
I'll look into it immediately.

3. Problemlösungen

Möchten Sie einen Ersatz?
Would you like a replacement?

Haben Sie noch die Quittung für einen Umtausch oder eine Rückerstattung?
Do you still have the receipt for an exchange or refund?

Wir werden die beschädigte Ware erstatten.
We'll reimburse you for the damaged goods.

Ich prüfe die Möglichkeiten einer Rückerstattung.
I'll look into the possibility of a refund.

Ich überprüfe das bei unserem Kundendienstleiter.
I'll check this with our customer service manager.

Wie garantiert, können Sie die Waren innerhalb 14 Tagen umtauschen oder Ihr Geld zurückbekommen, falls Sie nicht zufrieden sind.
As guaranteed, you can return the goods within 14 days for replacement or refund if you're not satisfied.

Tipps

- warranty (AE), guarantee (BE)
- Leicht zu verwechseln: „receipt" (Quittung) und „recipe" (Rezept)

37. Messe

Sich auf Messen positiv und professionell zu präsentieren, bedarf gewisser Vorbereitungen: von der Auswahl des richtigen Standplatzes bis zum Restaurant für das Geschäftsessen.

Wir möchten gerne an der XYZ-Messe vom 03. 9.–9. 9. teilnehmen.
We would like to attend the XYZ Fair from September 3 to September 9.

Werden die Messestände von Ihrer Organisation auf- und wieder abgebaut?
Are the booths put up and removed by your organization?

Bitte schicken Sie uns einen Stadtplan / Plan des Messegeländes / Restaurantführer / Informationen zu Messe- und Ausstellungsversicherungen zu.
Please send us a city map / plan of the exhibition grounds / restaurant guide / information about fair and exhibition insurance.

Können Sie Hotels empfehlen, von denen aus das Messegelände zu Fuß zu erreichen ist?
Could you recommend any hotels within walking distance of the exhibition grounds?

Wir benötigen einen kleinen / Standard- / großen Messestand / Elektroanschluss / Telefon- und Faxanschluss und bevorzugen einen Eckstandplatz.
We require a small / standard / large booth / electrical outlet / telephone and fax lines, and prefer a corner location.

Sind in den Standpreisen Mehrwertsteuer, eine Kaffeemaschine, ein kostenloser Tisch und Internetzugang enthalten?
Do the booth prices include GST, a coffee maker, a free table, and internet access?

Wir brauchen einen (Simultan-)Dolmetscher (Spanisch – Polnisch – Spanisch).
We need a (simultaneous) interpreter (Spanish – Polish – Spanish).

Bitte schicken Sie uns Ihr Anmeldeformular zur Teilnahme an der Pressekonferenz am 2.5.03 um 20:00 Uhr.
Please send us your registration form for the press conference to be/being held on May 2, 2003 at 8 pm.

Wir freuen uns, Sie zum Besuch unseres Standes auf der XYZ Messe in Hannover einladen zu können.
We are pleased to invite you to visit our booth at the XYZ Fair in Hanover.

Tipps

- 6′ steht für „6 foot/feet" (Abk. ft). „Foot" wird verwendet, wenn ein Substantiv folgt: „4-foot waves", und „feet" ohne nachfolgendes Substantiv: „We're flying at 35,000 feet."
- Für „Messestand" wird entweder „booth" oder „stand" verwendet.
- Mehrwertsteuer heißt in Kanada „GST (General Sales Tax)", „VAT (Value Added Tax)" in Großbritannien und „Sales Tax" in den USA.

38. Buchstabierhilfen

Die Verbindung muss noch nicht einmal ausgesprochen schlecht sein, um Probleme beim Verstehen eines Namens oder einer (Internet-)Adresse zu haben. Oder: wie man korrekt Zeichen und Zahlen übermittelt.

Das Alphabet

Buchstabieren können Sie entweder mit Hilfe des „English Telephone Alphabet" oder dem Alphabet der ITU (International Telecommunication Union), das international Verwendung findet und sich auch für das nicht englischsprachige Ausland anbietet.

Englisches Telefonalphabet

A – Alfred
B – Benjamin
C – Charles
D – David
E – Edward
F – Frederick
G – George
H – Harry
I – Isaac
J – Jack
K – King
L – London
M – Mary
N – Nelly
O – Oliver
P – Peter
Q – Queen
R – Robert
S – Samuel
T – Tommy
U – Uncle
V – Victor
W – William
X – X-Ray
Y – Yellow
Z – Zebra

ITU-Alphabet

A – Alpha
B – Bravo
C – Charlie
D – Delta
E – Echo
F – Foxtrot
G – Golf
H – Hotel
I – India
J – Juliet
K – Kilo
L – Lima
M – Mike
N – November
O – Oscar
P – Papa
Q – Quebec
R – Romeo
S – Sierra
T – Tango
U – Uniform
V – Victor
W – Whiskey
X – X-Ray
Y – Yankee
Z – Zulu

Zeichen und Symbole in (Internet-) Adressen

Zeichen	Deutsch	Englisch	Beispiel
.	Punkt	full stop/period	Sam R. Klein
,	Komma	comma	Klein, Groß u. Partners
'	Apostroph	apostrophe	Georgia O'Keele
-	Bindestrich	hyphen	C.-v.-Ossietzky Str.
–	Gedankenstrich	dash	Burgplatz 1–4
/	Schrägstrich	slash	Burgstr. 4/7
.	Punkt	dot	Internetadresse
!	Ausrufezeichen	exclamation mark	Internetadresse
?	Fragezeichen	question mark	Internetadresse
=	Gleichheits-zeichen	equal sign	Internetadresse
~	Tilde	tilde	Internetadresse
&	Et-Zeichen	ampersand	Linz & Co (gespr. „and“)
#	Doppelkreuz	hash mark	Fax# 12 34 56 (gespr. „number“)
ü	u-Umlaut	u umlaut/with two dots	
ß	Eszett	sz ligature/beta	
é	Accent aigu	e acute	Ms. Desirée Klein
è	Accent grave	e grave	rue de Rivière
c/o	bei	care of	
A	großes „a“	capital/ upper-case "a"	
b	kleines „b“	small/ lower-case "b"	
(abc)	in Klammer „abc“	bracketed "abc"	
	neues Wort	new word	
	neue Zeile	new line	
	PLZ	zipcode (AE) postal code, postcode (BE)	
nn	doppel „n“	double "n"	Kinner u. Söhne
fff	drei „f“	triple "f"	Schifffahrts GmbH

Beispiel einer (fiktiven) Internetadresse:
www.dict.leo.org/?lang=de&de~name
double u double u double u dot dee i cee tee dot el ee oh dot o r gee slash question mark el a en gee equal sign dee ee ampersand dee ee tilde en a em ee

Zahlen

$^1/_2$	ein halb	a half
$^1/_4$	ein Viertel	a quarter
$^1/_3$	ein Drittel	a third
$1 m^2$	ein Quadratmeter	one square metre
$1 m^3$	ein Kubikmeter	one cubic metre
2 m x 2 m	zwei mal zwei Meter	two metres by two metres
$.99	99 Cents	ninty-nine cents

Telefonnummern

Bei Telefonnummern und Geburtsdaten wird selten „zero" verwendet, sondern der Buchstabe „o". Der Trennstrich bei Telefonnummern wird nicht gesprochen.

03 45/3 70 36 = o three four five three seven oh three six
0 89/22 75 55 = eight nine two two seven triple five oder five five five

39. Zeitangaben

Uhrzeit

seven o'clock, five past seven, ten past seven, (a) quarter past seven, twenty past seven, twenty-five past seven, half past seven, twenty-five to eight, twenty to eight, (a) quarter to eight, ten to eight, five to eight

Unbestimmte Zeitangaben

gestern Morgen / Nacht – yesterday morning / last night
vorgestern – the day before yesterday
übermorgen – the day after tomorrow
nächste Woche – next week
letztes Jahr – last year

Präpositionen in Zeitangaben

in March
in winter
in 2003

on Monday(s)
on January 15
on Good Friday / his birthday

at 2 o'clock
at night
on the weekend
at Christmas

40. Umrechnen von Maßen

Längenmaße

1 Millimeter = 0.0394 inch (in.)
1 Zentimeter = 0.394 inch
1 Meter = 39.37 inches = 3.281 feet (ft.) = 1.094 yards (yd.)
1 Kilometer = 0.621 mile
Und umgekehrt:
1 inch = 2,540 cm
1 foot (= 12 inches) = 30,480 cm
1 yard (= 3 ft = 36 inches) = 91,440 cm
1 mile (1760 yd) = 1.609,347 m

Flächenmaße

1 cm^2 = 0.155 square inch
1 m^2 = 10.764 square feet = 1.196 square yards
1 km^2 = 0.3861 square mile = 247.1 acres
1 Hektar (= 100a) = 2.471 acres

Amerikanische Hohlmaße

16 fluid ounces (fl.oz) = 1 pint = 0,47 l
2 pints = 1 quart (qt) = 0,94 l
4 quarts = 1 US gallon (gal.) = 3,78 l

Handelsgewichte

1 Gramm = 15.4 grains
1 Kilogramm = 2.2046 pounds
1 Tonne = 0.9842 ton

Temperaturen

0°C = 32°F
37,5°C = 100°F

41. Feiertage

Abend vor Allerheiligen – Halloween
Allerheiligen – All Saints' Day / All Hallows
Christi Himmelfahrt – Ascension Day
Erntedankfest – Thanksgiving (Day)
Gründonnerstag – Maundy Thursday
Heiligabend – Christmas Eve
Heilige Dreikönige – Epiphany
Karfreitag – Good Friday
Ostersonntag / -montag – Easter Sunday / Monday
Pfingstsonntag / -montag – Whit Sunday / Monday
Silvester – New Year's Eve / Hogmanay (Schottland)
Tag der Arbeit – Labour Day
Tag der deutschen Einheit – Day of German Unity
Unabhängigkeitstag – Independence Day (Amerika)

Achtung
Wenn Sie eine Businessreise oder Urlaubstour in englischsprachige Länder planen, werden Ihnen im Kalender vermutlich verschiedene Feiertage begegnen. Welche sind für Sie relevant? Ist ein Feiertag mit einem in Klammern stehenden „observed" gekennzeichnet, bedeutet es, dass er begangen / eingehalten wird. So ist zum Beispiel der „Remembrance Day" nicht in allen Teilen Kanadas ein Feiertag („public holiday"), sondern nur in vier der insgesamt dreizehn Provinzen. Die „bank holidays", an denen die Banken, die meisten öffentlichen Gebäude und viele Geschäfte geschlossen sind, fallen heutzutage meist mit gesetzlichen Feiertagen, den „public holidays" zusammen. Aber selbst an diesen nationalen Feiertagen sind meist nicht alle Lebensmittelgeschäfte geschlossen.

42. Begriffsalphabet

\- A -

Angebot – quotation
Auftragsausführung – execution of order

\- B -

Betriebskosten – operating costs
Bonität – credit worthiness

\- C -

Chartergesellschaft – charter carrier
Containerhafen – container port/terminal

\- D -

Dispositionskredit – overdraft facility
Durchfuhrhandel – transit trade

\- E -

Erstauftrag – opening order
Einigung, außergerichtliche – settlement out of court

\- F -

Fahrlässigkeit, grobe – gross negligence
Fragebogen – questionnaire

\- G -

Gewährleistung – guarantee
Großabnehmer – bulk buyer/purchaser

\- H -

Haftung, begrenzte – limited liability
Hauptversammlung – annual general meeting (AGM)

- I -
Importquote – import quota
Inkassobüro – collection agency

- J -
Jahresabonnement – yearly/annual subscription
Jahresumsatz – annual sales (Pl.)

- K -
Kreditansehen – credit record
Kundenberatung – customer advisory center

- L -
Lagerbestand – stock
Lieferfrist – time of delivery

- M -
Marktlücke – gap/opening in the market
Mindestgebot – reserve price

- N -
Nennwert – nominal value/face value
notariell beglaubigt – attested by a notary

- O -
Organhaftung – directors' and officers' liability (D&O)
oHG – general partnership

- P -
Patentamt – patent office
Prolongation – renewal

- Q -
Qualitätskontrolle – quality control
Qualitätsware – goods of prime quality

- R -

in Rechnung stellen – to charge, to bill, to invoice
Rechnung – invoice, bill

- S -

Skonto – cash discount
Schadenersatz – damages

- T -

Trassat/in – drawee
Telefonzentrale – switchboard

- U -

Unternehmen, mittelständisches – medium-sized firm
unterschriftsreif – ready to be signed
Urheberrechtsinhaber – holder of copyright

- V -

vereinbarungsgemäß – as agreed/arranged
Vertragsstrafe – contractual penalty

- W -

Warensendung – consignment
Wertschöpfung – added value

- Z -

Zahlungsfähigkeit – solvency
Zollabfertigung – customs clearance

43. Titel

Zum Namen gehörende Berufsbezeichnungen, Titel und Adelstitel stellen eine gewisse Schwierigkeit dar, weil sie in der Anschrift anders wiedergegeben werden als in der eigentlichen Anrede. Ein Fax/Brief an einen Botschafter wird zum Beispiel an „The Honorable Quentin Twiggham" adressiert, er selbst wird aber mit „Dear Mr. Ambassador" angesprochen (eine Botschafterin: Dear Madam Ambassador). Weitere Beispiele sind:

Richter
The Honorable Clayton Williams
Dear Judge Williams:

Katholischer Priester
The Reverend James McKenzie
Dear Father McKenzie:

Äbtissin
The Reverend Mother Superior Beata Leighton
Dear Reverend Mother:

Rabbi
Rabbi Adi Feldman
Dear Rabbi Feldman:

Senator
The Honorable Peter Nelson
Dear Senator Nelson:

Inhaber/-in der Doktorwürde
Dr. Jeff Cummings
Dear Dr. Cummings
Dear Sir: oder Dear Madam:

Professor/-in
Professor Carl Tolmie
Dear Professor Tolmie:

Dekan (Universität)
Dean George Strand
Dear Dean Strand:

Rektor (College / Universität)
President Allan Stoneham
Dear President Stoneham:

Herzog
His Grace, Duke of Mayfair
Dear Duke of Mayfair / My Lord Duke:

Träger des Titels „Sir"
Sir Richard Straitview
Dear Sir / Dear Sir Richard:

44. Abschließende Sätze

Wer einen abrupten Übergang vom Hauptteil zur abschließenden Grußformel vermeiden möchte, kann einen abschließenden Satz einschieben.

Vielen Dank für Ihre Hilfe in dieser Angelegenheit.
Thank you for your help in this matter.

Vielen Dank für Ihren konstant hervorragenden Service.
Thank you for your continued splendid service.

Mit den besten Wünschen verbleibe ich...
With all good wishes, I am...

Bitte setzen Sie sich mit mir in Verbindung – meine Direktdurchwahl ist 12 34 56.
Please contact me – my direct telephone number is 123-456.

Wir schätzen die Zusammenarbeit.
We appreciate your business.

Ich freue mich darauf, Sie / Dich beim nächsten Treffen wiederzusehen.
I look forward to seeing you again at the next meeting.

Ich hoffe, Sie rufen uns bald wieder an.
I hope you'll call us again soon.

Weiterhin alles Gute.
Continued good wishes.

Wir hoffen, dass wir in Verbindung bleiben.
We hope to stay in touch with you.

Ich freue mich auf Ihre/Deine Antwort.
I look forward to your response.

Zögern Sie nicht, sich mit mir in Verbindung zu setzen.
Do not hesitate to contact me.

Falls Sie zusätzliche Hilfe benötigen, nehmen Sie bitte Kontakt mit mir auf.
If you need additional assistance, please contact me.

Falls Sie irgendwelche Fragen bezüglich dieses Faxes haben, rufen Sie bitte an.
If you have any questions about this fax, please call.

Wir freuen uns über Ihren Auftrag/Ihre Anfrage.
We appreciate the opportunity to serve you.

Wir freuen uns auf Ihre Antwort.
We look forward to receiving your reply.

Falls es irgendetwas gibt, worauf Sie uns hinweisen möchten, rufen Sie bitte an.
If there is anything you want to bring to our attention, please call us.

Vielen Dank für Ihr Interesse an unseren Produkten.
Thank you for your interest in our products.

Ich freue mich darauf, Sie persönlich kennen zu lernen.
I look forward to meeting you in person.

45. Großschreibung

Es gibt im Englischen Wörter, die immer groß geschrieben werden und solche, die nur bei bestimmten Verwendungen groß geschrieben werden. Dazu gehören z. B. Himmelsrichtungen, die als Landesteile benutzt werden („He has moved to the South."), Verwandtschaftsgrade, die als Name fungieren („I like Uncle Sam, but not my other uncles.") oder Substantive in Buch- oder Filmtiteln („Principles of Astronomy" und „Stormy Weather").

- Am Satzanfang: What does your sister do?
- Das Personalpronomen „I": Yesterday I bought a mango.
- Namen (Vor- und Nachname, Kontinente, Länder, Städte, Straßen, geographische Namen): Bruce Kline, Africa, New Jersey, Tokyo, Elm Street, Pacific Ocean.
- Monate/Wochentage: He was born on a Sunday in June.
- Organisationen, Parteien, Firmen: Red Cross, Labour Party, Cook Law Firm
- Feiertage: Christmas, Independence Day, Halloween
- Warenzeichen: She prefers Coke to Pepsi
- Länder und deren Adjektive, Sprachen, Einwohner, Nationalitäten: A Norwegian came into the bar.
- Gottheiten, Religionen und heilige Schriften: The Bible, the New Testament, Buddha
- Vorangestellte Titel: He works for Mayor Matthews.
- Historische Ereignisse: World War II, Russian Revolution
- Gebäude: Empire State Building, Tower Bridge
- Universitäten, Schulen, Bildungseinrichtungen: Edinburgh University, New Jersey Institute of Technology
- Staatliche Einrichtungen/Institutionen: the Customs, Department of Trade and Industry
- Erstes Wort bei Grußformeln: My dear Peter, Respectfully yours

46. Bücher und Links, die weiterhelfen

Abegg, Birgit/Benford, Michael: *Communication for Business. Package – Lehrbuch, Satzbausteine u. CD-ROM*. Max Hueber Verlag, Ismaning
Die Komponenten dieses Lehrwerks sind auch alle einzeln erhältlich, was sich anbietet, wenn man an einem Kurs teilnimmt.

Beden, Manfred/Janßen, Verena: *Arbeitszeugnisse*, Gräfe und Unzer, München
Enthält auch ein Kapitel zum Thema „Arbeitszeugnisse im Ausland".

Bosewitz, Rene/Kleinschroth, Robert: *How to Phone Effectively*, Rowohlt, Reinbek
In diesem umfangreichen Buch gibt es zu den einzelnen Telefonsituationen viele Beispiele und Aufgaben.

Duden-Oxford Großwörterbuch Englisch. Deutsch-Englisch/Englisch-Deutsch, Bibliographisches Institut, Mannheim
Sehr zuverlässiges Wörterbuch der Dudenredaktion und der Oxford University Press mit vielen Anwendungsbeispielen.

Intensivkurs Business Englisch. Digital Publishing, München
Ein Selbstlernkurs für Englisch mit Vokabeltrainer, Sprachführer und Wörterbuch. Interkulturelles Training für das Geschäftsleben.

Jones, Leo/Alexander, Richard: *New International Business English*. Updated Edition. Student's Book (deutsche Ausgabe), Klett Schulbuch, Stuttgart
Dieses Lehrwerk ist für den Unterricht mit Lehrer konzipiert

und besteht aus Kassetten oder CDs, Lehr- und Arbeitsbuch.

Kepper, Florian: *Flashbooks 1. Professional Correspondence. Textbausteine in geschliffenem Englisch. Business and Private.* Flashbooks Verlag, Hamburg
Private und geschäftliche Korrespondenz und Telefonate im Dünndruck als Einlage für das Filofax.

Rupprecht-Stroell, Birgit: *Auslands-Knigge. Weltweit richtig auftreten. Überzeugen mit Stil*, Gräfe und Unzer, München.

www.leo.org
Hier gibt es ein sehr gutes kostenloses Online-Wörterbuch, bei dem entweder ein englisches oder deutsches Wort eingegeben wird und dem User sämtliche Wendungen mit dem jeweiligen Wort zweisprachig angeboten werden.

www.dict.cc
dict.cc ist ein einfach zu bedienendes Online-Wörterbuch Dt.-Engl./Engl.-Dt. mit derzeit über 800 000 Einträgen.

www.abkuerzungen.de
Einfach zu bedienende Seite mit deutschen und englischen Abkürzungen.

www.weltzeituhr.com
Unter dieser Adresse finden Sie die Uhrzeiten der verschiedenen Zeitzonen.

Hinweis

Die Beiträge in diesem Buch sind sorgfältig recherchiert und entsprechen dem aktuellen Stand.
Abweichungen, beispielsweise durch seit Drucklegung geänderte Preise, Gebühren, Anlageentwicklungen, WWW-Adressen etc., sind nicht auszuschließen.
Weder Autor noch Verlag können für eventuelle Nachteile oder Schäden, die aus den im Buch gegebenen praktischen Hinweisen resultieren, eine Haftung übernehmen.

GRÄFE UND UNZER VERLAG
Grillparzerstr. 12
81675 München

Projektleitung: Nina Weber
Lektorat: Christina Schmutz, Katrin Ritter
Titelfoto: Andreas Hosch
Umschlag und Gestaltung: independent Medien-Design, Horst Moser
Herstellung: Renate Hutt
Satz: Filmsatz Schröter, München
Repro: w&co Media Services, München
Druck und Bindung: Druckerei Auer, Donauwörth

Syndication: www.jalag-syndication.de

ISBN 978-3-7742-3403-1

8. Auflage 2011

GRÄFE UND UNZER

Ein Unternehmen der
GANSKE VERLAGSGRUPPE